DU SYNDICALISME

ET DU

STATUT DES FONCTIONNAIRES

DU SYNDICALISME

ET DU

STATUT DES FONCTIONNAIRES

PAR

Louis ESCASSUT

DOCTEUR EN DROIT

AVOCAT A LA COUR D'APPEL DE MONTPELLIER

LAURÉAT DES FACULTÉS DE DROIT DE CAEN ET DE LILLE

(*Années 1903-1905-1906*)

MONTPELLIER

IMPRIMERIE Gustave FIRMIN, MONTANE et SICARDI

Rue Ferdinand-Fabre et Quai du Verdanson

1908

à Monsieur et Madame Petit

Souvenir de vive amitié

V. Giraud
8   1908

BIBLIOGRAPHIE

Barthou (Louis). — L'action syndicale, 1904.

Berthélemy. — La crise du fonctionnarisme (Revue : Questions pratiques de législation ouvrière et d'économie sociale).

Berthod (A.). — Les syndicats de fonctionnaires (Revue politique et parlementaire, 1906).

Boncour (Paul). — Les syndicats de fonctionnaires (Revue socialiste de 1906).

Bulletin de la Société Générale des Prisons (Séance du 16 mai 1906).

Cahen (Georges). — Articles parus dans la Revue Bleue, 1906.

Demartial. — Le Statut des fonctionnaires (Revue de Droit public 1907 et Revue politique et parlementaire 1908).

Duguit (Léon). — Tome I : L'Etat, le droit objectif et la loi positive. — Tome II : L'Etat, les gouvernants et les agents.

Kammerer (A.) — Thèse : La fonction publique d'après la législation allemande, 1908.

Moye (Marcel), professeur à la Faculté de droit de Montpellier. — Articles parus dans la Revue critique de législation, 1907-1908.

Nézard (Henri). — Thèse : Théorie juridique de la fonction publique, 1901.

DU SYNDICALISME

ET DU

STATUT DES FONCTIONNAIRES

PRÉFACE

La question du Syndicalisme et du Statut des fonctionnaires est une des questions les plus intéressantes et les plus graves qui se posent actuellement.

De toutes parts, en effet, des protestations se sont élevées contre le favoritisme et l'arbitraire.

Ce furent les pratiques naturelles de la Monarchie et de l'Empire.

Aujourd'hui, l'esprit démocratique de notre pays, après avoir obtenu le triomphe de mille réformes, veut assurer par une réglementation précise la Justice dans l'Administration et réaliser partout le véritable idéal républicain de liberté et d'égalité.

La République de 1848, dans son magnifique enthousiasme, y avait songé (1).

---

(1) Déjà en 1845 on peut citer une proposition de Saint-Marc-Girardin.

En 1849 proposition de Mortimer-Ternaux.

Puis, l'Empire vint rétablir les traditions du despotisme.

En 1873, « la Commission de Révision des services administratifs » de l'Assemblée Nationale déposa une proposition de Statut. Puis vinrent les propositions de Marcel Barthe à la Chambre, en 1879, et au Sénat, en 1887.

Malheureusement elles n'aboutirent pas, bien que le Gouvernement ait reconnu lui-même toujours la nécessité d'un Statut légal.

Cependant, en l'absence de toute réglementation légale, des progrès furent successivement réalisés, afin d'éloigner et de rendre impossible de plus en plus le favoritisme et l'arbitraire. Il suffirait d'étudier les nombreux Décrets pris dans chaque ministère pour donner aux fonctionnaires toutes sortes de garanties en ce qui concerne la nomination, l'avancement et la répression disciplinaire.

Mais on ne se contente pas, à l'heure actuelle, de ces résultats obtenus. Les fonctionnaires s'agitent. Le Parlement lui-même a été saisi de la question. Le Gouvernement a déposé son projet. On veut un Statut légal, une réglementation qui fixe définitivement la situation juridique des fonctionnaires et vienne trancher toutes les difficultés relatives au droit syndical des agents de l'Etat.

Nous y avons consacré notre ouvrage.

Nous nous proposions de donner un plus long développement à notre étude. C'est ainsi que nous espérions faire une histoire critique des associations de fonctionnaires constituées depuis la loi de 1884; histoire qui est à faire et qui devait précéder nécessairement toute étude sur le syndicalisme.

Nous nous proposions, aussi, d'examiner une page parlementaire depuis 1873 jusqu'à 1887, relativement aux diverses propositions de lois déposées successivement pour l'établissement d'un statut légal.

Enfin, en l'absence de cette réglementation, toutes les propositions successives ayant échoué, il aurait été intéressant de connaître quelles garanties cependant la jurisprudence était parvenue à reconnaître aux fonctionnaires.

Voilà trois points particuliers que nous avions fait rentrer, tout d'abord, dans le cadre de notre étude.

Nous avons dû, cependant, renoncer à les traiter, les circonstances, en effet, nous ayant obligé à hâter notre travail.

Quel est donc le cadre que nous avons adopté définitivement ?

Après avoir défini ce que nous entendions par un fonctionnaire proprement dit et avoir conclu à la nécessité d'un statut qui vienne fixer les droits et devoirs des agents de l'Etat, nous examinons la question de savoir s'il est nécessaire de connaître la nature juridique de la fonction pour l'élaboration de ce statut légal. Nous concluons que c'est une pure controverse d'école et que, à l'exemple de la Jurisprudence, qui n'a défendu, en réalité, aucun système juridique précis, il faut résoudre toutes les difficultés qui se présentent, suivant le principe de l'équité.

C'est donc suivant ce principe de l'équité et celui de la logique que nous examinons la thèse syndicaliste et les conditions suivant lesquelles le statut devra être élaboré.

En ce qui concerne le syndicalisme des fonctionnaires, nous faisons l'exposé de la thèse syndicaliste avec tous les arguments qu'elle peut invoquer, soit qu'elle se borne en premier lieu à revendiquer pour tous les fonctionnaires et agents de l'Etat le droit de s'associer en vue de la défense professionnelle, soit qu'aggravant son programme elle souhaite la constitution de syndicats entièrement autonomes.

Puis, nous établissons notre opinion, relativement à ces deux points particuliers, en tenant compte de la distinction que nous avons faite parmi les agents de l'Etat, et nous sommes amené ainsi à adopter, mais partiellement, la thèse syndicaliste.

Enfin, en dernier lieu, nous entamons la question même du Statut, qui nous conduit à une étude critique du projet du Gouvernement et du projet de M. Demartial.

CHAPITRE PREMIER

QU'EST-CE QU'UN FONCTIONNAIRE ?

Nous nous proposons donc l'Etude du Syndicalisme et du Statut des Fonctionnaires. Nous serons amené, au cours de notre ouvrage, à examiner quels sont les droits que les fonctionnaires pourront invoquer contre l'arbitraire, et le favoritisme en face la toute-puissance de l'Etat.

Au seuil de cette étude, dans un premier chapitre, il nous appartient de résoudre une question qui se pose tout d'abord :

Qu'est-ce qu'un fonctionnaire public ?

Cette question a son importance. Nous recherchons quels sont les droits que nous pouvons reconnaître aux fonctionnaires ; quelles garanties et moyens de les défendre doivent leur être reconnus. Sachons au moins pour qui, en faveur de qui nous plaidons.

Toutes les fois qu'on a voulu ou rechercher quelle était la nature juridique de la fonction, c'est-à-dire apprécier la nature de la relation, du rapport entre l'Etat et le fonctionnaire,

ou déterminer les droits et devoirs qui s'attachaient à cette qualité, ou préciser et définir exactement les agents de l'Etat à qui pouvait appartenir le droit de coalition, de grève, et ceux à qui il paraissait ou non interdit par les textes du Code pénal, ou par la logique, il fut toujours nécessaire à ceux qui se livraient à ces recherches d'avoir une définition préalable du fonctionnaire.

L'Etat, pour remplir sa mission, qui s'étend et s'aggrave chaque jour, doit employer un personnel considérable. Ceux qui font partie de ce personnel sont les agents de l'Etat. Mais si les services pour lesquels ils sont appelés ont été créés et doivent être dirigés de manière à répondre aux exigences nouvelles de l'intérêt public, la règle d'équité, comme nous le verrons plus loin, veut à son tour que la situation de ces agents soit fixée de manière à réduire, s'il n'est pas possible de les éviter tout à fait, les actes d'injustice et d'arbitraire dont ils auraient pu souffrir dans le passé.

Ces agents accomplissant des services variés, il paraît nécessaire, et ce sera d'ailleurs notre conclusion, d'élaborer une réglementation particulière pour chaque catégorie.

Sans doute, il sera permis d'établir au-dessus des règlements particuliers concernant chacune de ces catégories d'agents une réglementation générale et commune déduite uniquement et exclusivement des principes de Justice. Mais, étant donnée la variété des services publics, une réglementation particulière est nécessaire, laquelle, en s'efforçant, soit au point de vue économique, soit au point de vue politique, de déterminer la situation de droit de l'agent, devra s'inspirer pour les concilier avec les intérêts de l'agent, des exigences propres à chacun des services publics à la tête desquels ils sont appelés.

Par conséquent, dans l'étude que nous poursuivons sur les moyens d'assurer aux agents de l'Etat les garanties professionnelles qu'ils réclament, il nous est impossible de trouver une solution unique si nous voulons concilier à la fois leurs propres intérêts avec ceux des services publics. Nous nous trouvons dans le domaine des contingences. La méthode la plus sûre est celle qui ne veut étudier que chaque cas particulier. On est conduit naturellement à distinguer parmi les agents de l'Etat ceux pour lesquels une solution équitable et commune peut se présenter, et ceux pour lesquels une solution non moins équitable en ce qui concerne les droits de la fonction, mais différente de la précédente, s'impose afin qu'elle s'harmonise avec les nécessités des services publics qu'ils dirigent.

En partant de ce principe, on pourrait établir plusieurs classifications. Il nous paraît, cependant, comme la suite le démontrera, qu'il suffit de poser la distinction des agents à qui nous décernons le titre de fonctionnaires et ceux qui ne le porteront pas.

Nous avons reconnu la nécessité de distinguer

parmi les agents de l'Etat. Mais, suivant quels principes allons-nous procéder pour dire exactement quelle catégorie nous appellerons fonctionnaires ? Il nous est ici difficile de nous servir des textes. Quand la loi, par exemple, dans le Code pénal, veut réprimer la coalition des fonctionnaires dans ses articles 123 et suivants, elle emploie souvent ce mot, mais ne le définit pas.

Il faut ajouter en second lieu que la manière de raisonner ordinaire pour en donner la définition, est fausse et mauvaise.

Beaucoup d'auteurs, au moment où ils s'efforcent de trouver le signe caractéristique du fonctionnaire, raisonnent cependant comme si déjà la question était résolue.

Divers critériums ont été proposés.

Les uns ont dit :

Est fonctionnaire celui qui exerce une fonction publique ;

D'autres ont voulu se fonder uniquement sur la nature de la prestation, sur le fait de toucher de l'Etat un traitement ou une pension ;

D'autres, enfin, admettaient que la nomination par les pouvoirs publics était suffisante, etc...

Aucune de ces solutions, évidemment, ne pouvait paraître suffisante. Aussi, la critique n'hésitait-elle pas à les rejeter successivement. Mais elle était fausse elle-même dans son raisonnement. Au lieu d'objecter que la distinction parmi les agents, qui résultait des critériums fournis, n'avait aucune valeur pratique, elle répondait d'une manière contradictoire. Disait-on, par exemple : est fonctionnaire celui qui est nommé par les pouvoirs publics, ainsi que le veut la loi Wurtembergeoise de 1876 (1), on objectait aussitôt qu'il y avait d'autres fonctionnaires élus qui ne tiennent pas leurs qualités du pouvoir exécutif. Ainsi, les adversaires de cette opinion procédaient comme s'ils avaient déjà eux-mêmes un critérium. La critique oubliait trop qu'il s'agissait plutôt d'une définition à convenir, comme l'écrit M. Barthélemy (2), que le mot fonctionnaire n'a pas de sens technique, de sens juridique précis, qu'il n'a qu'un sens grammatical flottant, que la question, par conséquent, n'est pas de savoir quels sont ceux qui sont fonctionnaires, mais plutôt quels sont ceux à qui nous devons donner cette qualité.

Cette liberté nous appartenant, on reste libre d'adopter le critérium qu'il plaira et rien, par conséquent, ne peut plus détruire les précédents qui ont été fournis. La loi Badoise peut donc avec raison contenir dans sa section première, article premier : Est fonctionnaire toute personne employée dans un service de l'Etat en vertu d'une décision émanant du souverain ou d'une autorité

---

(1) Thèse de M. Kammerer : *La fonction publique d'après la législation alleman 'c.*

(2) *Idem.* Séance de la Société générale des prisons du 16 mai 1906 Bulletin de la Société générale des prisons.

à laquelle le souverain a délégué le pouvoir de conférer la qualité de fonctionnaire (1).

Le traitement pourra être aussi un critérium de même que la nature de la prestation.

On pourrait encore dire avec autant de raison : est fonctionnaire tout agent employé de l'Etat. Cela est la meilleure preuve que ce terme n'a aucun sens juridique précis. Avec cette dernière définition on pourrait se demander : Pourquoi donc poser la question ? On conçoit qu'elle est trop large, et comme les précédentes, trop facile.

Nous sommes libres sans doute de désigner les agents que nous appellerons fonctionnaires. Nous ne pouvons cependant le faire arbitrairement Nous avons, en effet, reconnu plus haut la nécessité de distinguer parmi les agents de l'Etat. Nous avons reconnu que, quand il s'agit de fixer les garanties qu'on leur accorderait, il était nécessaire de tenir compte des différents services publics, au milieu desquels ils étaient versés. Le critérium que nous devons adopter n'est donc pas purement formel. C'est une question de fond qui se pose. Etablir le critérium,

ou sur l'existence d'un traitement,

ou sur le fait d'une nomination par les pouvoirs publics, etc., serait décider superficiellement. Il nous faut partir d'un point juridique et certain.

---

(1) Thèse de Kammerer.

Rien de plus juridique, dit-on alors, que la distinction entre les actes d'autorité et les actes de gestion. Il y a déjà longtemps qu'elle existe. Lorsqu'elle fut produite pour la première fois, c'était uniquement pour arriver à une délimitation de compétence.

Mais pour ceux épris de logique et amoureux de la symétrie, ils voulurent tirer d'autres conséquences de cette distinction. Ils la firent intervenir dans la théorie de la responsabilité de l'Etat et des personnes publiques qui seraient responsables ou non, suivant qu'il s'agirait d'un acte de gestion ou d'un acte de puissance publique.

M. Berthélemy voulut tirer une autre conséquence de la distinction. Il distingue les agents de l'Etat en deux catégories : les uns seraient agents de l'autorité, les fonctionnaires proprement dits ; les autres, fonctionnaires de gestion, selon qu'ils accompliraient des actes de puissance publique ou des actes de gestion.

Nous repoussons cette distinction, qui ne saurait se justifier. S'il est possible de séparer et faire l'analyse des divers actes que l'Etat accomplit par l'intermédiaire de ses agents, il est difficile de faire correspondre à cette classification une classification parallèle des agents, qui seraient ou non des fonctionnaires.

Cette opinion a été combattue par M. Larnaude, dont nous sommes heureux d'invoquer la haute autorité, dans son cours, ainsi que dans une séance du 16 mai 1906 de la Société Générale des Prisons (1).

« La distinction, écrit-il, de l'acte d'autorité et de l'acte de gestion est même d'ailleurs bien loin d'avoir introduit l'ordre et la logique dans la théorie de la compétence. Que d'actes de gestion, en effet, sont de la compétence des tribunaux administratifs! Ce sont des exceptions, réplique-t-on! Sans doute, mais quelle singulière règle que celle qui comporte des exceptions plus nombreuses et plus importantes que les applications de la règle elle-même et que de cas aussi où les tribunaux judiciaires sont compétents vis-à-vis des actes de puissance publique à eux déférés, soit par voie d'action, soit par voie d'exception. Déjà donc, en matière de compétence, la distinction n'est pas bien solide.

» Elle le paraissait davantage jusque dans ces derniers temps, en matière de responsabilité. Pendant longtemps, les auteurs et arrêts ont dit : Distinguons l'acte d'autorité et celui de gestion. Le premier engendrera la responsabilité de la personne publique, puisque l'acte ressemble à celui d'un simple particulier ; dans l'acte de puissance, au contraire, l'autorité sera couverte par le bénéfice de l'irresponsabilité.

» Déjà la loi de 95 sur les indemnités aux vic-

____

(1) *Revue Pénitentiaire. — Bulletin de la Société générale des Prisons,* 16 mai 1906.

times d'erreurs judiciaires avait singulièrement ébranlé ce dogme de l'infaillibilité de la puissance publique. Mais il restait les innombrables applications de l'ordre administratif. Eh bien, là encore, le Conseil d'Etat abandonne aujourd'hui l'idée et semble ne plus vouloir traiter différemment au point de vue de la responsabilité, l'acte de puissance publique et celui de gestion. »

De même que la distinction des actes de puissance publique et des actes de gestion a été insuffisante pour établir la délimitation des compétences ou fixer les limites de la responsabilité de l'Etat, de même elle ne saurait nous conduire à une distinction utile et précise des agents de l'Etat.

Il est impossible de parler de fonctionnaires de gestion ou d'autorité parce que les uns et les autres, le plus souvent, accomplissent constamment et indifféremment des actes de puissance publique ou des actes de gestion.

Admettons que, théoriquement, elle fût possible en faisant cette concession que notre objection perd sa valeur si l'on considère qu'il y a des agents dont la mission principale, bien que ne leur interdisant pas, par exemple, de faire des actes de gestion, consiste surtout à mettre en œuvre la puissance publique et réciproquement.

Au point de vue pratique, et c'est le seul que nous voulons rechercher, quels avantages pourrions-nous en retirer ? Nous cherchons, avons-nous dit, à établir le statut des fonctionnaires, à examiner leurs pouvoirs, en ce qui concerne la faculté de s'associer, de se syndiquer, faire grève, etc., etc.

Mais nous avons dit aussi que nous ne pouvions examiner ces différentes questions sans perdre de vue les divers services publics qu'ils étaient chargés d'assurer et dont les exigences, parfois justifiées toujours par l'intérêt général, sont bien différentes.

Dans cette étude, répétons-le, il faudra concilier les divers intérêts en présence, à la fois les intérêts des agents de l'Etat, à la fois ceux de l'Administration.

Chacun des services publics ne demande-t-il pas des sacrifices s'il veut que son fonctionnement soit exercé comme il le doit. Et l'Etat, en tant que représentant une force chargée de sauvegarder et défendre les intérêts particuliers de ce service, n'aura-t-il pas alors des droits à invoquer.

Quelle distinction nous avertira que nous nous trouvons en présence de circonstances que nous ne pouvons négliger puisqu'il s'agit de l'intérêt de l'Etat ?

Celle qu'on nous propose dissimule toutes les difficultés du problème que nous avons à résoudre. Elle ne se préoccupe pas des divers services publics, des concessions, des sacrifices possibles qu'ils réclament. Elle ne considère que la nature des actes. Dans une étude qui se propose de connaître les garanties qu'on doit donner aux agents de l'Etat,

la nature des actes ne peut être un guide bien efficace.

Pourquoi les garanties d'un fonctionnaire d'autorité devraient-elles être moindres ou plus étendues que celles d'un fonctionnaire de gestion? Le
fait de remplir une mission d'autorité, d'exercer
la puissance publique, pourra-t-il légitimer les
droits de celui qui en a l'exercice? Est-ce que la
force a jamais justifié quelque chose ?

En supposant qu'on puisse établir une démarca-
tion précise entre les fonctionnaires d'autorité et
ceux de gestion, pourquoi les uns seraient-ils trai-
tés différemment des autres ?

En réalité, nous faisons ici la même critique que
celle qu'on a faite quand il s'agissait de fixer les
limites de la responsabilité de l'Etat. On avait dit,
d'abord : l'acte d'autorité sera couvert par le bénéfice de l'irresponsabilité et puis on s'est demandé : Qui est-ce qui justifie cette solution ? Pourquoi cette solution ? Et on ne trouvait plus de raison que celle de l'arbitraire.

La distinction proposée concerne-t-elle spéciale-
ment les agents de l'Etat ? Est-elle de droit public ? Quand on parle des agents de l'autorité, on
paraît croire qu'il n'est pas possible d'en trouver
ailleurs que parmi les employés de l'Etat. C'est
une erreur. Nous pourrions faire une distinction
semblable dans les administrations privées.

Il nous faut rechercher un point de départ pratique. Nous devrons pour cela examiner quelles

sont les fonctions essentielles de l'Etat, et nous
pourrons ensuite décider quels sont ceux que nous
désignerons comme des fonctionnaires proprement
dits, après avoir indiqué qu'ils sont employés par
l'Etat pour l'accomplissement des services qui ren-
trent obligatoirement et naturellement dans sa véritable mission de droit.

On nous dit : La mission obligatoire de l'Etat
est très variable suivant les temps. L'opinion publique a varié sur l'étendue possible des attributions de l'Etat. Tour à tour elle voulut les étendre
ou les réduire. Entraînée aujourd'hui par les doctrines actuelles, qui voient presque le salut dans
l'intervention étatique, elle a été appelée progres-
sivement, successivement à étendre les attributions
de l'Etat.

Ce n'est point notre point de vue. Il semble difficile de préciser quelle mission naturellement appartient obligatoirement à l'Etat. Si nous faisons
appel à la méthode historique, elle ne saurait nous
renseigner, nous dit-on. Elle nous fait assister, en
effet, à une foule de variations. L'Etat lui-même
se forme, au milieu de vicissitudes, d'alternatives
continues. Il n'est pas en réalité une seule des fonctions de l'Etat qui ne soit tombée dans le domaine de la concurrence. On a vu dans l'anarchie des
âges passés, la Justice, les services de sûreté générale, de défense nationale, etc., livrés à des individualités puissantes et indépendantes de l'Etat.
Elles revendiquaient avec énergie et lui dispu-

taient tous les pouvoirs qu'il n'est parvenu à conquérir que par la constance, la ténacité de la Monarchie. L'Etat est un produit, une formation historique. Devait-elle nécessairement se produire et succéder au morcellement ruineux de la puissance publique ? C'est une autre question bien qu'elle ne paraisse pas douteuse, du moins quant à nous.

Quand nous recherchons les fonctions essentielles de l'Etat, nous ne sommes pas cependant obligé de ne considérer que la forme dernière qu'il a acquise, c'est-à-dire l'Etat français tel qu'il s'est constitué. La nation française constitue un Etat puissant. Mais, avons-nous besoin de connaître les vicissitudes qu'elle a dû traverser pour arriver à cette forme définitive, à ce dernier stade de son évolution ? Quelle est la mission obligatoire de l'Etat, non pas de tel Etat particulier, mais de l'Etat considéré d'une façon abstraite, tel qu'on le définit, puissance souveraine, indépendante, s'imposant par son gouvernement et sans contradiction à tous les habitants d'un territoire déterminé ? Voilà la question. Il nous est indifférent, par suite, de connaître comment l'Unité nationale s'est opérée, comment au régime de l'anarchie, au morcellement de la puissance publique a succédé, sous les efforts successifs de la Monarchie, un régime de centralisation absolue. Comparés au régime actuel, on peut dire des temps précédents qu'ils furent le triomphe de l'Anarchie.

Il n'est pas douteux, en effet, que cette centralition absolue, bien qu'elle amenât avec elle le despotisme, fût un bienfait pour notre pays.

Il serait injuste de dire que la méthode historique ne pourrait nous renseigner suffisamment. M. Duguit, professeur à la Faculté de Droit de Bordeaux, écrit (1) : « Dès que nous trouvons une communauté confiant à l'un de ses membres ou à un corps composé de quelques-uns de ses membres la tâche de maintenir et de faire observer ses coutumes, nous pouvons dire que nous sommes en présence d'un Etat commençant. »

Il n'y a donc pas à se préoccuper de l'étendue, de l'importance de cette communauté organisée en Etat. On nous objectait : Comment rechercher la mission obligatoire de l'Etat, quand son existence est toute précaire, qu'elle est le résultat de circonstances historiques, d'événements qui auraient pu ne pas se produire ? Entre le moment où il n'existe pas et celui où nous le voyons constitué, à quel moment se placer pour découvrir la mission essentielle minimum, qui lui appartient, les fonctions naturelles dont il a l'exercice ?

Nous devrions nous incliner devant ce raisonnement, si nous ne considérions, comme il le fait lui-même, que l'Etat Français. Mais est-ce à dire que parce que l'Etat central n'était pas encore

____

(1) Duguit, *L'Etat, le droit objectif et la loi positive.*

constitué, est-ce à dire que, pendant la période qui précède sa formation, l'histoire ne nous permette pas de résoudre notre question ? Evidemment, revenons à la citation que nous faisons de M. Duguit.

Il y avait en France, avant le régime absolu, dans cette période dite anarchique, des communautés, et nous prenons ce terme dans son acception la plus large, ayant leurs coutumes locales, leur législation propre et au-dessus d'elle un pouvoir politique dirigé par un ou plusieurs de leurs membres et chargés de faire maintenir et respecter, sur toute l'étendue du territoire qu'elles occupaient, les règles qu'elles avaient édictées.

Faisons donc l'étude de ces puissances locales, érigées en petits états. L'histoire nous montrera, nous dira aisément, que leurs attributions étaient bien variées, mais qu'il n'y eut jamais de variation et d'incertitude en ce qui concerne l'exercice du pouvoir de légiférer, du pouvoir de rendre la justice, faire exécuter les lois et les sentences, assurer le service de la défense territoriale, comme la perception des impôts.

C'étaient là des attributs du gouvernement, et sur ce point il n'y eut jamais de divergences. On pourrait donc conclure que le pouvoir de légiférer, juger, assurer l'exécution des lois et règlements, comme la sûreté publique et l'intégrité du sol national et la perception des impôts, constituent les fonctions essentielles de l'Etat, puisque toutes les fois que dans l'histoire, on se représente un Etat, on le voit exerçant ces divers services.

Voilà ce que nous enseignent les faits historiques. Mais les faits n'emportent en eux-mêmes aucune justification. C'est pourquoi la méthode historique ne sera pas entièrement satisfaisante. Quand on recherche les garanties et les droits de la fonction, la seule résistance qu'on puisse redouter pourrait venir de l'Etat réclamant l'intégrité de ses droits de puissance et liberté de remplir sa mission principale. Ainsi que nous l'indiquions plus haut, il faut accorder les intérêts de l'agent et ceux de l'Etat. C'est une question de droit que nous avons à examiner. Si les faits historiques nous apprennent que l'Etat a une mission minimum à accomplir, ils ne la justifient pas. Or, nous ne pouvons opposer aux fonctionnaires que des droits qui se prouvent et qui sont légitimes.

Quelle mission appartient obligatoirement à l'Etat, au nom du Droit ? Voilà ainsi précisée la véritable question.

En d'autres termes, essayer de connaître quelle mission appartient à l'Etat, c'est se demander si cette puissance qui s'impose à tous les citoyens d'un même territoire, est légitime ou peut devenir légitime.

Plusieurs doctrines ont essayé de la justifier. Il y eut d'abord les doctrines théocratiques. celles qui affirmaient que le principe d'autorité était nécessaire dans nos sociétés, que l'autorité elle-même était une institution divine, de même que ceux qui la détenaient étaient investis par le pouvoir divin. La critique de ces doctrines qui favorisèrent le despotisme a été faite. Elles furent un moyen commode pour justifier toutes les tyrannies. L'idée théocratique a eu une grande vogue aux époques et dans les pays de foi profonde. Mais aux époques de tiédeur religieuse, comme la nôtre, elle devenait insuffisante. De plus, pour tout esprit positif, elle n'était guère acceptable.

On a imaginé, alors, la fiction de la volonté nationale. Les gouvernements, quels qu'ils soient, Monarchie ou République, ne sont que les organes de la volonté collective de la nation à laquelle ils commandent. C'est la doctrine démocratique. «Cette idée, écrit M. Duguit (1), est aussi décevante que l'idée théocratique. Le droit divin du peuple n'a pas plus de réalité que le droit divin des rois. On n'a jamais montré l'existence de cette volonté sociale. C'est un dogme, puisqu'on l'affirme *a priori* et qu'on veut l'imposer à la croyance de tous. On n'a jamais vu les manifestations de cette volonté du peuple. Ce que l'on voit, ce sont : les actes volontaires d'un certain nombre d'individus qui, quelque nombreux qu'ils soient, ne sont que des individus. Droit divin, volonté sociale, souveraineté nationale, autant de mots sans valeur, au-

---

(1) *Loc. cit.*

tant de sophismes dont les gouvernants veulent leurrer leurs sujets et se leurrent souvent eux-mêmes. »

M. Duguit paraît très dur pour la doctrine démocratique, celle de la Souveraineté nationale qu'il appelle un sophisme. Nous protestons (1) contre la critique qu'il en fait. Cependant, si nous croyons à la Souveraineté nationale, nous chercherons un autre fondement à la puissance publique.

Le pouvoir politique ne peut jamais être légitime par son origine. Mais, peut-il le devenir par son exercice ? Oui, toutes les fois que les gouvernements voudront mettre la force dont ils disposent au service du droit.

Qu'est-ce donc que le droit ? Qu'implique-t-il pour les gouvernants ? Déterminer la règle de droit, c'est un des problèmes essentiels du Droit public.

L'homme est un être social. Non seulement il saisit sa propre individualité, mais il saisit les liens de solidarité qui le lient aux autres hommes. Vivant en société, il ne peut et ne veut vivre qu'en société. La règle de droit est donc celle qui veut assurer et fortifier les liens de la solidarité sociale. Voilà le but de la règle de droit. Mais si nous voulons plus de précisions, quels sont ses commandements ? Où les trouver exprimés ?

____

(1) Voir plus loin.

La liberté, c'est le pouvoir de faire toute chose.
Elle est une puissance aveugle et illimitée. Mais
quand l'homme se trouve engagé dans les liens de
la solidarité sociale, il comprend qu'il ne peut
user complètement de ce pouvoir illimité qui résulte de sa liberté. Comme il ne peut et ne veut
vivre qu'en société, il devra faire des sacrifices.
Ces sacrifices, néanmoins, pour maintenir la solidarité, une morale empirique, utilitaire qui formera ensuite la moralité moyenne de la société,
les fixera. Mais la sanction contre tout acte anti-
social ne serait pas suffisante si un pouvoir supérieur n'intervenait qui, après avoir précisé sous
forme de lois les règles de conduite sociale, afin
que chacun soit bien éclairé sur ses droits et devoirs, viendrait les protéger de sa force.

Il appartient à l'Etat de légiférer et de dire
ainsi ce que chaque citoyen peut faire ou ne pas
faire.

Un citoyen aura-t-il manqué au respect des lois,
que l'Etat le poursuive et assure la répression.

Des contestations s'élèvent-elles entre citoyens,
qu'il intervienne pour les apaiser et les réconci-
lier.

L'Etat est une puissance toujours agissante, jamais inactive.

Si elle restait inactive, elle cesserait d'être, elle
ne serait plus. Or, elle ne peut agir qu'en mani-
festant ses volontés et qu'en en recherchant l'exécution ; manifester sa volonté, en rechercher l'exé-

cution, c'est, au fond, dire la loi qu'on veut, c'est légiférer, en assurer l'exécution, c'est juger. On peut légiférer et juger arbitrairement. Nous demandons à l'Etat de le faire suivant la règle de Droit. Ainsi il se justifiera par son exercice.

Dire la loi,

Assurer son exécution,

Rendre des jugements, voilà les premières fonctions juridiques de l'Etat : fonctions législatives, fonctions juridictionnelles.

Il ne peut que les remplir par l'intermédiaire d'agents et d'une administration variée, compliquée et savante. Ces agents-là seront de véritables fonctionnaires. Les uns par une spécialisation intense auront pour mission de préparer et accumuler les documents pour l'œuvre législative. Ils constitueront des bureaux, des conseils, etc. Les autres confectionneront, avec les données fournies, la loi elle-même ; puis, d'autres auront pour mission de surveiller les infractions à la loi, infractions qui se dissimulent. Ce sera, par exemple, le service de la Sûreté Générale, lequel demandera à l'intérieur des forces de police organisées, à l'extérieur la force de l'Armée. Enfin, d'autres seront élevés à la qualité de juges pour appliquer les sanctions.

La mission obligatoire de l'Etat consiste donc à formuler la règle de droit et à en assurer l'obéissance par chacun.

En principe, l'Etat, étant une puissance mise

uniquement au service du Droit, doit être désin-
téressé. Il n'a pas d'intérêt propre. Il ne vit pas
pour lui-même. Il est pour le triomphe du Droit.
Par conséquent, tous ses services, en principe, sont
gratuits. L'idéal serait donc de voir le législateur
légiférer gratuitement, juger gratuitement, etc.

Cependant, il n'est qu'une entité abstraite. Il
doit avoir nécessairement recours à des agents, et
il doit leur permettre de vivre en récompensant
leurs services. Comment se procurera-t-il les ressources. Retenons le principe de la gratuité ; il
devra avoir recours à l'impôt et non pas au système qui voudrait, par exemple, imposer des frais
de justice à celui qui exerce une action en Justice. L'Etat paraîtrait faire payer ses services
dans ce dernier cas. Il ne le peut pas.

De plus, le particulier, en s'adressant à l'Etat
pour faire respecter son droit violé, le fait parce
que l'Etat le lui impose. Il pourrait, au besoin,
lui-même se faire justice. Pour la paix publique,
la puissance étatique intervient. Il serait injuste
qu'elle retire une rémunération du fait de son intervention.

Il devra donc avoir recours à l'impôt. Tous les
agents qui assureront la distribution et le recou-
vrement des impôts, seront aussi des fonctionnaires proprement dits.

Ces divers services, par exemple celui de la
justice, pourraient-ils être confiés à des particuliers, ou celui de la Sûreté publique ? Non, car

ceux-ci ne jugeraient et ne protégeraient l'ordre que moyennant finances. Si l'Etat leur avait donné le pouvoir de juger, nous leur adressons la même critique qu'à lui, plus haut, à savoir, qu'il n'a pas pu leur donner de ressources financières qu'il ne pouvait prendre.

Si ce pouvoir de juger ils l'ont usurpé, c'est l'arbitraire. S'ils ont rencontré de la soumission, ils constituent le gouvernement d'un nouvel Etat qui s'est formé.

La conclusion est donc que tous ceux qui collaboreront à l'œuvre essentielle de l'Etat sont des fonctionnaires.

Ne sont pas des fonctionnaires tous les agents que l'Etat emploie pour les services qu'il a monopolisés, par exemple, les employés des chemins de fer, les employés des postes, dont les travaux sont rémunérés par le public toutes les fois qu'il les emploie.

Au point de vue de notre étude, le résultat est-il différent de celui qui entraîne la distinction des actes d'autorité et de gestion ?

Oui, le résultat est différent.

D'après M. Berthélemy, sont fonctionnaires de gestion, les directeurs, les chefs, les sous-chefs, les rédacteurs d'un ministère quelconque. Ce ne sont donc pas des fonctionnaires proprement dits.

Pour nous, au contraire, quoique cependant notre théorie nous oblige à faire une distinction, distinction que nous négligerons pour le moment,

Si nous examinons la mesure dans laquelle on devra leur reconnaître le pouvoir de se syndiquer, nous avons une solution contraire.

Par exemple, nous leur nions le pouvoir de se syndiquer, mais suivant les conditions que nous établissons plus loin. Ils devraient le posséder d'après la logique de M. Berthélemy. Mais non, cependant, répond ce dernier. Ils ne peuvent pas se syndiquer parce qu'ils n'ont pas d'intérêt agricole ou commercial à défendre. Mais nous répondrons : vous faites une nouvelle distinction parmi les fonctionnaires et vous séparez les fonctionnaires de gestion exerçant des professions industrielles et commerciales et ceux exerçant des professions d'un autre caractère.

Cette nouvelle distinction montre que la première n'était pas suffisante et que sa portée pratique manquait. Ce dernier argument justifie donc encore notre distinction.

CHAPITRE II

NATURE JURIDIQUE DE LA FONCTION

Se poser le problème de la nature juridique de la fonction, c'est chercher à connaître le caractère du lien de droit qui unit le fonctionnaire à l'Etat.

Cette question paraît avoir une très grande importance, au moins au premier abord, pour le sujet qui nous préoccupe, car il semble que selon que le lien de droit résultera ou non d'un contrat passé par l'Etat avec chacun de ses fonctionnaires, nous aurons une solution différente en ce qui concerne les devoirs et droits qui appartiennent, que nous devons reconnaître aux fonctionnaires.

Il semble donc qu'il serait plus logique de signaler dès le début de ce chapitre l'intérêt de la question.

Mais si nous voulons connaître les conséquences diverses qui peuvent résulter des différentes solutions entre lesquelles il nous faut choisir, il est nécessaire que nous connaissions les théories qui ont été proposées.

Dans ce premier paragraphe, nous allons donc

parcourir rapidement les thèses qui se sont faites jour pour expliquer la nature juridique de la fonction. Nous ferons appel à l'ouvrage considérable de M. Nézard (1), sur la fonction publique.

Une première distinction a été établie : ou bien la fonction s'explique par un engagement contractuel de l'Etat et du titulaire de la fonction, ou bien par un acte unilatéral de l'Etat ou un contrat de droit public.

Ce sont, d'une part, les théories de droit privé et celles de droit public.

Examinons-les successivement.

Théories du Droit privé

On pourrait faire un nouveau classement parmi celles-ci, selon que du contrat de droit privé résulterait un droit réel sur la fonction ou un simple lien personnel entre l'Etat et ses agents. Nous pouvons donc présenter, comme le fait M. Nézard, les théories de droit privé sous deux chefs :

1° Celles qui veulent établir un droit réel sur les fonctions ;

2° Celles qui ne voient entre l'Etat et la fonction qu'un lien personnel.

______

(1) **M.** Henri Nézard, thèse : *Théorie juridique de la fonction publique*, 1901.

I. — Droit réel.

C'est l'opinion que professe M. Hauriou : « que le droit de la fonction publique s'est toujours orienté du côté du droit réel ».

Cette affirmation se justifie assez par l'expérience de l'histoire. On peut remarquer qu'à l'origine de chaque Etat, comme dans les moments de crise qu'ils ont pu traverser, telle la féodalité, de même qu'à leur dernier terme de développement, la fonction publique paraît constituer un droit réel pour le titulaire. C'est là, d'après M. Hauriou, notre théorie traditionnelle, soit que ce droit réel se définisse en un droit de possession, soit qu'il se définisse en un droit de propriété.

D'après cette thèse, la puissance publique est une chose susceptible d'appropriation. Elle peut se décomposer, se fractionner suivant l'orientation qu'elle se donne et la mission qu'elle veut remplir. Mais, chacun de ses éléments, chaque parcelle de la puissance publique, c'est-à-dire la fonction, reste capable à son tour d'appropriation privée. On s'explique ainsi la patrimonialité des offices dans l'ancien temps comme le système actuel pratiqué largement en Amérique et répandu aussi malheureusement dans nos pays, d'après lequel la fonction publique deviendrait et serait la propriété des partis.

M. Hauriou est d'ailleurs tellement convaincu
de cette tendance à la réalisation de la fonction que
la thèse qu'il soutiendra sera, bien qu'il repousse
toute idée de contrat, l'affirmation que le fonctionnaire exerce un droit réel. Il ne dit pas, sans doute,
que cette chose fait partie du patrimoine privé
comme au temps de la patrimonialité de la souveraineté, mais qu'elle fait partie du domaine public, susceptible d'être laissée aux particuliers par
un acte unilatéral de concession.

1° *Théories du précaire*. — « Le précaire du
droit romain est un contrat par lequel on concède
gratuitement l'usage ou possession de sa chose à
un autre, à charge pour celui-ci de la restituer dès
la première réquisition. » (1)

Les premiers théoriciens de la fonction, Loy-
seau, ont voulu ainsi expliquer la collation de la
fonction.

Comme dans le précaire, a-t-on dit, il y a l'acceptation des deux parties.

Comme lui, la fonction constitue une faveur, résultant du choix libre et gratuit que l'Etat
a fait.

Le titulaire n'a que l'usage et la possession
temporaire et révocable. C'est là le caractère essentiel du précaire et de la fonction.

On a écarté cette théorie, car si elle rend comp-

____

(1) Nézard, *loc. cit.*

te de la révocabilité, elle n'explique ni le traitement, ni l'intérêt qu'a l'Etat à confier son pouvoir à des fonctionnaires.

2° *Théorie de la donation.* — La collation de la fonction est une concession gratuite et irrévocable, sauf deux causes de révocation : l'ingratitude et l'inexécution des charges.

La fonction résulte d'une donation *sub modo.*

En second lieu, le bénéfice engendrait autrefois un lien de vassalité et pouvait être retiré si le vassal manquait à ses devoirs, de même qu'aujourd'hui le fonctionnaire serait révoqué s'il n'exécutait pas les obligations de son service.

Cette théorie s'est formée sous l'influence de deux idées ; d'abord l'influence historique de la théorie du bénéfice et, d'autre part, le désir de donner de bonnes garanties aux fonctionnaires contre un pouvoir arbitraire de révocation.

M. Nézard la repousse comme établissant une assimilation inexacte avec la théorie du bénéfice et comme insuffisante contre le pouvoir arbitraire de révocation.

3° *Théorie du louage de choses.* — Les deux parties y trouvent un intérêt : l'une le paiement d'une redevance, l'autre une garantie contre une révocation imprévue.

L'Etat, le prince, dit-on, n'a, en effet, d'autre situation que celle d'un propriétaire vis-à-vis de son fermier. Le louage fut appliqué surtout du

XIIIe au XVIIIe siècles. Cette doctrine eut aussi
sa pleine application pour les offices de judica-
ture, mais elle n'a dit-on, qu'un intérêt historique.
Le système de la ferme ne s'applique plus que
rarement.

4° *Théories du droit de propriété.* — La tendance à orienter le choix de la fonction vers le
régime des droits réels a été plus loin et elle a
transformé le droit temporaire et révocable en un
droit définitif et absolu et perpétuel de propriété.

Cet événement s'est produit dans l'histoire lors
de la féodalité et au XVIIe et XVIIIe siècles avec
la patrimonialité des offices.

Cette théorie est cependant écartée. Il n'y a
qu'une analogie entre le droit très protégé du
fonctionnaire avec le droit du propriétaire sur
sa chose ; il n'y a pas identité. Elle a l'avantage
d'assurer aux fonctionnaires l'irrévocabilité, l'indépendance, vis-à-vis des politiciens.

D'autres auteurs ont donné cependant d'autres
théories pour assurer aux fonctionnaires des garanties contre le pouvoir arbitraire de révocation.

II. — Lien personnel

Si l'on renonce à la thèse d'un droit réel, il n'y a
plus qu'un rapport personnel et direct entre le
fonctionnaire et l'Etat qui peut dériver :

1° ou d'une gestion d'affaires,

2° ou d'un mandat,

3° ou d'un louage de services.

1° *Gestion d'affaires*. — C'est un engagement du gérant mais non accepté par celui dont il gère le bien.

Cette théorie doit précéder celle du mandat parce que, historiquement, elle le précède. Elle serait assez voisine des faits accomplis à des époques où la fonction publique fut d'abord une usurpation de pouvoirs.

Balicki écrit : « La fonction de chef supérieur est, à l'origine, une gestion d'affaires, une représentation d'un groupe organisé dans ses intérêts collectifs, tantôt concordants, tantôt divergents. » (1)

Si l'on descend les degrés de l'échelle administrative, une nomination formelle crée bien un mandat pour certains auteurs, mais ce mandat est une gestion dans deux cas :

1° Interruption dans la fonction des pouvoirs supérieurs, parce que alors cesse la délégation formelle.

2° Quand il y a une immixtion de fait sans délégation expresse dans l'exercice d'une fonction, qu'elle vienne d'un particulier qui n'a aucun pouvoir, ou d'un fonctionnaire qui agit en

____

(1) Balicki, *L'organisation spontanée de la Société politique.*

dehors de sa compétence. La jurisprudence a quelquefois appliqué cette opinion.

Les différentes applications de la gestion d'affaires à la fonction ont paru inexactes.

A l'origine, les usurpateurs ne peuvent être tenus comme des gérants, parce que d'abord ils gèrent leurs intérêts, et en second lieu, qu'ils ne sont soumis à aucune règle de droit.

S'ils sont arrivés au pouvoir, à la suite d'une élection ou procédé quelconque, ils sont mandataires plutôt, puisqu'ils ont un titre légal, régulier à exercer un pouvoir de représentation.

Si un fonctionnaire, pendant un interrègne, n'a plus de supérieur, cela ne signifie pas qu'il soit un gérant, car le titre en vertu duquel il exerçait n'émanait pas du supérieur, mais de la loi. Il exerce toujours pour les mêmes causes ; il a un titre légal.

Le fonctionnaire n'est jamais un gérant, parce qu'il exerce généralement en vertu d'une nomination. Il y a donc eu une manifestation de volonté de l'Etat. La gestion acceptée deviendrait plutôt un mandat.

2° *Mandat.* — Les auteurs croient y trouver l'explication de la fonction.

Analysant le contrat de mandat du droit actuel, ils pensent trouver tous ses éléments dans le contrat de la fonction publique, c'est-à-dire :

1° Manifestation de volonté de l'Etat et du fonctionnaire : article 1984 du Code civil.

2° La représentation de l'Etat par le fonctionnaire, article 1984.

3° La délégation du pouvoir avec ses limites
en dehors desquelles le fonctionnaire agit sous sa
propre responsabilité et n'oblige pas le mandant
(théorie des actes de la fonction et des actes per-
sonnels) article 1989.

4° Enfin les obligations réciproques des parties,
l'une devant faire des actes juridiques au nom de
l'autre, et celle-ci étant tenue de payer, à la première, le salaire de son mandat, article 1999.

5° On ajoute même que l'Etat doit exécuter les
engagements pris par son fonctionnaire, dans les
limites de son pouvoir, conformément à l'article
1998, indemniser le fonctionnaire des pertes sup-
portées à l'occasion de sa gestion, article 2000,
lui rembourser ses avances, article 1999 ; et faire
respecter par les tiers les différentes prérogatives du fonctionnaire, article 1998 ;

Toutes les obligations de l'Etat, spéciales à la
fonction publique, reçoivent leur explication dans
le mandat de droit civil.

Inversement, le fonctionnaire a les obligations
du mandataire ; les obligations du fonctionnaire
se résument, dit M. Dareste, dans les articles 1891,
92, 93 du Code civil.

Il doit gérer sa fonction ;

Est responsable pécuniairement envers l'Etat
des manquements à ses obligations, article 1991 ;

Ne peut donner sa démission d'une manière
intempestive ou de mauvaise foi, article 1991 ;

Est soumis à un pouvoir disciplinaire et doit. compte de ses actes, des deniers et matières qu'il a eus entre les mains, article 1992 ;

Est obligé de restituer ce dont il est dépositaire à la fin de son mandat et notamment les papiers et documents qu'il détient par suite de ses fonctions.

Les auteurs, aussi, ont donné un argument de droit public.

Le but principal de cette théorie a été, sous l'ancien régime, d'expliquer juridiquement la révocation *ad nutum* de ceux qui avaient reçu une commission.

La conséquence au point de vue de la responsabilité serait :

Le mandataire serait responsable de sa faute, même légère, quand il est salarié.

Il n'est responsable de sa faute lourde quand il est gratuit.

Cette solution, cependant, en ce qui concerne la responsabilité, n'est pas acceptée par la jurisprudence.

3° *Théorie du louage de services.* — Il y a pour cette opinion un argument historique. La plupart des fonctions publiques sont toujours confiées à des serviteurs privés du prince. « On doit commencer, disait Fustel de Coulanges, par être échanson, puis on devient référendaire, puis on est envoyé comme comte dans une cité. »

Cette confusion entre le service privé du prince et le service public de l'Etat se produit à tous les degrés.

Les officiers domestiques devenant fonctionnaires, rien d'étonnant à ce qu'ils aient conservé le caractère primitif de serviteurs du prince. L'idée de l'Etat a apparu, mais le caractère juridique des fonctionnaires ne s'est pas modifié.

En Allemagne, cette théorie a de nombreux partisans, et la législation lui a donné une certaine valeur.

Le traitement peut, comme un salaire, être réclamé à l'Etat devant les tribunaux de droit commun (1).

En France, les principaux partisans sont MM. Bremond, Vahl, Dareste, etc...

L'autre argument est qu'il y a une analogie très grande entre le fonctionnaire public et l'employé privé. En effet, comment doit-on distinguer l'employé d'une banque et celui de l'administration des Finances.

L'employé des chemins de fer de l'Etat a-t-il un service différent, un traitement d'une autre nature, que celui qui est au service de l'Orléans ?

Cette théorie donne des garanties contre une révocation arbitraire, etc...

____

(1) Thèse de M. Kammerer, *loc cit.*

B. — Théories du Droit public

1° Systèmes du contrat de droit public.

Cette théorie est développée surtout en Allemagne. La conséquence est celle-ci : Des auteurs déclarent que les obligations réciproques de l'Etat et des fonctionnaires ne peuvent que résulter d'un contrat, mais ce contrat est particulier parce qu'il intervient ici la notion d'intérêt général.

La conséquence est pour ceux qui adoptent la théorie du mandat, par exemple, que ce sera un mandat spécial ou de droit public et ils emploient le mot mandat dans un sens qui n'a rien de juridique. Voyant que la fonction ne pouvait rentrer dans le mandat du Code civil, ils ont modifié la notion même du mandat pour l'appliquer à la fonction.

Ainsi Schenk, ne pouvant expliquer par le mandat du droit commun les fonctions qui ne sont pas révocables *ad nutum,* déclare que la fonction est un mandat d'une nature spéciale, un mandat irrévocable.

M. Dareste voit, dans la fonction, un mandat (1).

2° Système du régime légal unilatéral.

D'autres auteurs font de la nomination à toute fonction, un acte unilatéral.

____

(1) Nézard, *loc. cit.*

En France : MM. Haurion, Larnaude.

En Allemagne : MM. Scuffert, Zacchariae, Malacord.

L'insuffisance de la coexistence de deux consentements pour la création d'un contrat, le droit de l'Etat de contraindre aux services publics, puis la liberté de démissionner sans s'exposer à des dommages-intérêts, doivent permettre, dit M. Larnaude (1), d'écarter toute idée de contrat ; la nomination est un acte unilatéral.

En nommant un fonctionnaire, l'Etat ne prend pas un serviteur vis-à-vis duquel il prend un engagement ; il ne concède pas une chose à exploiter. Il se donne un organe, il choisit quelqu'un pour remplir la fonction dévolue à cet organe.

Cette conception répond mieux au but de la fonction qui existe dans l'intérêt de l'Etat plutôt que celui du fonctionnaire.

Par suite, quand la fonction publique est donnée au concours, il n'y a pas pour l'Etat d'obligation à nommer le candidat qui a subi avec succès les épreuves.

La nomination n'est pas liée au concours.

Un fonctionnaire ne peut demander une indemnité à la suite de suppression d'emploi, par cette révocation déguisée, intempestive et sans motif légitime (2).

---

(1) Nézard. *loc. cit.*

(2) Tunis, 9 avril 1894. *Revue algérienne*, 1894, page 373. Conducteur des Ponts et Chaussées. — Voir cependant une autre juris-

Tantôt, suivant M. Hauriou, l'acte unilatéral constitue un droit réel ou occupation temporaire du domaine public, la fonction étant considérée comme chose incorporelle du domaine public sur lequel l'Etat fait un acte de concession. Il peut y avoir révocation *ad nutum* sans indemnité.

D'autres, cependant, concluent que l'acte unilatéral, loin de conférer un droit réel sur la fonction, entraîne formation d'un lien personnel, qui est un rapport de vassalité. (Théorie de M. Laband.)

Enfin, il y a l'opinion d'une contrainte légale. L'Etat, étant une nécessité voulue par la nation, doit avoir recours à des agents. Tout ce qui lui est nécessaire est donc une obligation pour un membre de la nation et un droit pour l'Etat (1).

Le système du régime légal unilatéral donne tous les pouvoirs à l'Etat ; il demeure libre de fixer seul la situation juridique de la fonction. Tandis que dans le système contractuel il y a une collaboration de deux parties et, du moins, si cette collaboration n'est pas effective, elles se trouvent sur un pied d'égalité qui leur permettra de défendre également leurs droits.

** * **

Ceci nous amène à étudier l'importance qu'il y a à connaître la nature juridique de la fonction.

---

prudence dans la *Revue critique de législation*, 1907-1908. Article de M. Moye, professeur à la Faculté de Droit de l'Université de Montpellier sur : «La Révocation des fonctionnaires communaux. »

(1) La théorie du contrat social conduit à cette doctrine.

Selon que nous adopterons que le lien de droit résulte ou non d'un contrat passé par l'Etat avec chacun de ses fonctionnaires, nous aurons, dit-on, une solution différente en ce qui concerne les devoirs et droits de la fonction qui appartiennent, que nous devons reconnaître aux fonctionnaires.

Si leur situation juridique était complètement établie, non seulement en tant qu'elle fixerait les obligations respectives de l'Etat et de ses agents, mais aussi la sanction qui serait à leur disposition pour faire respecter leurs droits, peu nous importerait la nature juridique de la fonction, qu'on soit sous un régime contractuel ou unilatéral.

Dans les deux cas, il y a un régime légal ; dans le système de l'acte unilatéral, il n'y aurait qu'à consulter le régime légal ; dans le système contractuel, les termes de la convention.

Mais, précisément, la situation juridique de la fonction n'est pas établie par notre législation. Comme nous l'avons vu, des propositions successives furent faites à la Chambre, qui avaient pour but de régler par une loi le statut des fonctionnaires. Ces diverses propositions, sous l'effort d'un argument très critiquable, échouèrent de telle sorte qu'à tout moment des difficultés nombreuses, imprévues et répétées, s'élèvent maintenant. Il appartient à la Jurisprudence de trancher ces difficultés. D'après quels principes se décidera-t-elle ?

Quel sera le guide sûr, certain, auquel on pourra se confier pour les résoudre ?

Ainsi, la tendance actuelle, consacrée par la législation, est de donner à l'intervention de l'Etat une extension de plus en plus grande ; il en résulte un développement plus considérable du fonctionnarisme.

Par suite, la multiplicité grandit des cas où les tribunaux sont appelés à apprécier quelle responsabilité pèsera sur les fonctionnaires. Selon que nous déciderons que le fonctionnaire est un organe ou un représentant de l'Etat, nous devrons admettre entièrement la responsabilité de l'Etat ou celle du fonctionnaire.

De même, la définition de la relation de l'Etat avec ses agents nous permettra de décider quels droits l'Etat peut se réserver, en ce qui concerne la révocation de ses agents. Un contrat explique-t-il l'exercice de la fonction publique ? Les partis étant sur un pied d'égalité, le pouvoir de révocation ne pourra pas être illimité. Sans doute, si la convention est de durée déterminée, le consentement des deux partis en présence sera toujours nécessaire pour y mettre fin. Si elle est de durée indéterminée, il appartiendra toujours à l'une ou à l'autre d'y mettre fin, mais cette résiliation devra se justifier et ne pourra, sauf dommages et intérêts, être intempestive ou de mauvaise foi.

S'agit-il du traitement ? Il sera impossible à l'Etat de le modifier, s'il est lié par un contrat,

non seulement quand il se présentera comme la récompense de services déjà accomplis, mais quand
il se présentera comme la rémunération prochaine
de services à effectuer, à condition, dans ce dernier cas, que la convention ait été déterminée dans
sa durée pour l'accomplissement des diverses obligations qu'elle contenait, parce qu'en effet on
pourrait, dans le cas d'une convention indéterminée dans sa durée, essayer de justifier toute modification du traitement par la raison que l'Etat,
avant de la décider, a voulu résilier la convention,
comme il en avait le droit, et en reformer une nouvelle.

La nature du lien de droit nous permettra de
conclure quels sont les droits du fonctionnaire, en
ce qui concerne la grève, la coalition.

Par ce court exposé, on aperçoit l'importance
de la question. Sa solution sera très utile à la Jurisprudence, qui se trouvera ainsi mise à l'abri
des indécisions ou des contradictions.

La solution du problème aura aussi son importance si l'on se place au point de vue législatif.
En effet, la situation des fonctionnaires n'est pas
réglée. Ce qui existe ou a été fait d'une manière
contradictoire, sans aucun guide sûr, « selon que
l'on cédait à des tendances libérales ou despotiques. » Un vaste mouvement de l'opinion publique s'est produit depuis longtemps, réclamant des
garanties pour la fonction, tant dans l'intérêt des
citoyens pour lesquels elle a été instituée, que

dans celui des agents à qui l'Etat en a confié l'exercice.

La solution du problème juridique amènera ainsi la solution du problème de Justice et d'équité.

*
* *

En réalité, se demander quelle est la nature juridique de la fonction est une pure controverse. On a dit que, selon que nous adopterions une des théories proposées, nous aurons pour les fonctionnaires un régime juridique différent. Cela suppose donc que toute solution entraîne un régime particulier. Or, cette affirmation est complètement inexacte.

Concluons, par exemple, en faveur du système de l'acte unilatéral. Entraîne-t-il nécessairement un certain régime légal et pas un autre ?

Pas du tout, la seule différence c'est qu'il est l'œuvre de la volonté isolée de l'Etat et que celle-ci n'a pas rencontré une acceptation, une manifestation de volonté parallèle du fonctionnaire ; que le régime juridique soit son œuvre, bien, mais cela ne nous dit pas quel sera le contenu de cette volonté.

Cette solution ne saurait servir ni à la jurisprudence, ni au législateur. Ne peut-elle pas emprunter ses dispositions à un régime quelconque contractuel de droit privé ?

Ne peut-elle pas lui emprunter les mêmes éléments et les mêmes moyens de protection ?

Concluons, par exemple, en faveur d'un contrat de droit public. Qu'est-ce que cela signifie ? C'est qu'un contrat est intervenu, mais que, comme c'était un contrat d'intérêt général, un contrat où la puissance publique était en jeu, il a paru nécessaire d'établir certaines dispositions qui n'existaient pas dans le même contrat, dans le droit privé.

Et alors, notre progrès sera grand, quand nous aurons dit qu'il y a un contrat de droit public.

Où sera notre guide au point de vue juridique, quand nous voudrons juger suivant l'esprit du contrat de droit public les difficultés que nous rencontrerons ?

Et au point de vue législatif, est-ce qu'un contrat de droit public ne signifie pas que nous n'avons plus qu'à ne plus considérer les diverses catégories établies par les juristes, et que nous sommes libres d'en sortir et de légiférer librement, abstraction faite de la volonté de l'autre partie au contrat.

Ce serait donc une recherche inutile, que de tenter, connaître si la fonction est gouvernée par un régime légal unilatéral ou par un régime contractuel de droit public.

Admettons que le lien de droit s'explique par un acte contractuel de droit privé. Quelle importance peut-il en résulter au point de vue législatif ?

.On dit qu'il ne pourrait y apporter aucune modification sans consulter l'autre partie du contrat. Toute modification doit entraîner, exiger le consentement de ceux qui participent à sa formation et l'Etat doit obéir à la loi du contrat, mais la loi ne doit pas porter atteinte à des droits acquis.

En réalité, c'est une erreur : l'Etat modifiant la situation actuelle des fonctionnaires, ne rencontrera aucune résistance, car, si on admet que les fonctionnaires sont liés à lui par un rapport contractuel, il faut cependant reconnaître que la durée n'en est pas déterminée, qu'elle est, au contraire, indéterminée, que le contrat, par conséquent, peut être tenu comme expirant chaque jour et renouvelé chaque jour par tacite reconduction. En supposant un contrat actuel, le législateur est toujours libre d'en changer les dispositions, les clauses, leur en substituer de nouvelles, car il n'est pas lié par le texte et on peut supposer que ces changements sont l'effet de sa volonté de rompre le contrat ancien et en former un nouveau.

Un autre argument pourrait justifier le droit de l'Etat de modifier le contrat, même de durée déterminée, l'intérêt général, l'ordre public, pour lesquels l'Etat a tous les pouvoirs. Ainsi s'explique l'expropriation pour utilité publique. Si un contrat était onéreux, dangereux pour l'intérêt général, l'Etat représentant cet intérêt, a le droit de modifier ce contrat. La situation n'est plus la même quand le contrat est l'œuvre de deux volontés particulières, qui n'ont pas plus de droits l'une que l'autre. Mais quand la volonté de l'Etat se rencontre avec une volonté particulière, elle est souveraine parce qu'elle représente les intérêts de tous.

Mais, dit-on encore, le législateur veut légiférer pour l'avenir, abstraction des faits actuels, des fonctionnaires actuels, de la situation qui leur est faite, des contrats qui sont ou ne sont pas intervenus pour l'établir.

Jusqu'à présent, il fixait la condition des fonctionnaires suivant ses tendances libérales ou despotiques. Il veut maintenant, en réglementant leur situation juridique, éviter ces contradictions de tendances et avoir un guide sûr. Et comme cela lui serait facile si le lien de droit était classé dans une des catégories fixées par les juristes. Il n'aurait plus mécaniquement, automatiquement, qu'à en suivre toutes les conséquences, s'il connaissait le lien idéal qui doit exister, prétend-on, et qui ne peut qu'exister. entre lui et le fonctionnaire ? Comme le régime juridique serait facile à découvrir si l'on connaissait déjà la nature du lien de droit. Ainsi, la solution du problème juridique serait, comme on le disait plus haut, la solution du problème de justice.

Mais que ce raisonnement est vicieux et superficiel. Il faudrait choisir l'une ou l'autre des catégories fixées par les juristes et, le choix décidé, en accepter le régime qui en résulte.

Ou nous déciderons arbitrairement que le lien de droit nominalement résulte d'une convention du louage de services ou d'un mandat, etc., etc., et que le nom ainsi établi du lien de droit, nous devons en accepter les conséquences. Ce serait un moyen excellent que de tirer la solution de justice de la solution du problème juridique. On n'a qu'à résoudre celui-ci au hasard, et le premier le sera par suite.

Ou bien la question est de savoir si c'est parce que, par exemple, nous optons pour un mandat ou un louage de services, que nous en accepterons les solutions de droit, ou n'est-ce pas après avoir déterminé les relations de droit qui doivent exister entre l'Etat et le fonctionnaire, que nous pourrons dire que le régime désiré et voulu rentre dans une des catégories de juristes.

· Ces diverses catégories ne sont pas plus justes les unes que les autres. Elles peuvent se prêter ou non aux circonstances. Suivant ces circonstances, il faudra donc les modifier. Ainsi modifiées, nous pourrons dire qu'elles sont de droit public, peu importe. En tous cas, cette dernière solution nous serait impossible, d'après l'opinion pendante, puisqu'elle nous oblige à choisir entre les catégories et nous défend d'en sortir.

Que faut-il donc nous demander au point de vue législatif ? Non pas quel est le lien idéal entre l'Etat et le fonctionnaire, mais quelle condition doit leur être faite respectivement suivant les principes de l'équité.

Mais plaçons-nous au point de vue de la jurisprudence.

Nous avons dit que la jurisprudence serait peu avancée si la nature juridique de la fonction s'expliquait par un contrat de droit public ou par un régime légal unilatéral. Après avoir ainsi conclu, elle ne connaît pas davantage quel est le contenu de ce contrat de droit public ou quel est ce régime unilatéral. Un régime légal unilatéral ne signifie pas régime d'arbitraire, pas plus que régime d'équité.

Mais si elle voulait expliquer que le lien de droit se définit par un contrat quelconque de droit privé, quelle méthode devra-t-elle employer ? Il lui suffirait de consulter la volonté des parties, s'informer d'abord si elles ont voulu contracter et quel contrat elles ont voulu former. Or, il lui est impossible de trouver cette volonté clairement manifeste et précise.

Il lui faut donc une méthode *a posteriori*, qui, en s'inspirant des faits, c'est-à-dire en étudiant la situation des fonctionnaires telle qu'elle est réglée partiellement, incomplètement, retrouve parmi ces rares éléments, ceux constitutifs d'un certain contrat de droit privé.

Alors, pour les difficultés relatives à la fonction, on n'aurait plus qu'à consulter les dispositions du contrat, dont quelques-unes prévues par la loi ont permis d'en reconstituer l'essence, la nature.

Supposons que nous nous décidions pour une

convention de mandant à mandataire. Au point de vue de la révocation, le mandant, l'Etat aurait un pouvoir libre de révocation et le fonctionnaire dépendrait de son arbitraire.

Curieuse conséquence ! Nous recherchions la nature juridique de la fonction pour trouver une solution de justice, et c'est le contraire qui se produit. Nous aboutissons à une solution injuste.

Et ce régime légal, incomplètement établi en ce qui concerne la fonction, en qui nous recherchions à trouver l'élément particulier, propre d'un contrat de droit privé, ne pourrait-il pas nous permettre de conclure aussi bien en faveur d'un régime légal unilatéral, par exemple, ou celui d'un contrat de droit public, puisque nous avons admis que les systèmes qui inclinent pour un contrat de droit public ou un engagement unilatéral, pourraient régler la fonction suivant des dispositions communes à celles d'une catégorie de droit privé.

Mais sous le système d'un engagement unilatéral pour les difficultés non prévues par la loi, la jurisprudence reste libre, grâce à lui, de statuer suivant l'équité, car il n'est pas lui-même synonyme d'arbitraire. L'opinion, au contraire, qui opine pour un mandat, oblige la jurisprudence à se prononcer contre l'équité, en reconnaissant que l'Etat a un pouvoir arbitraire de révocation.

Quelles raisons pourtant ont décidé la jurisprudence à rechercher un mandat plutôt que conclure en faveur d'un régime légal unilatéral, les dispo-

sitions légales qu'elle a observées pouvant constituer le contenu de ce dernier régime ?

Il était préférable qu'elle adoptât le deuxième
système qui lui permettrait de juger selon l'équité.

Et alors, la conclusion, c'est que peu lui importe
la nature juridique de la fonction. Si elle voulait
accepter une des catégories fixées par les juristes
dans le droit privé, elle devrait aveuglément en
accepter les conséquences.

Le problème n'est qu'une pure controverse d'é-
cole.

La jurisprudence ne doit pas chercher à sa mission des entraves qu'elle peut éviter. Qu'elle juge
selon l'équité. Elle respectera toujours le contrat,
s'il y en a un, quel qu'il soit. Quelle partie, en
effet, en admettant un contrat, pourrait protester ?

Ce n'est pas le fonctionnaire qui, affranchi désormais du despotisme et de l'arbitraire de l'Etat,
verra ses droits affirmés et protégés.

L'Etat ne le pourrait non plus, puisqu'il ne peut
se justifier que parce qu'il doit, que parce qu'il
existe pour faire respecter le droit.

La jurisprudence, par conséquent, pour toutes
les difficultés qu'elle connaîtra relativement à la
fonction, c'est-à-dire soit qu'elles concernent le
traitement, la responsabilité, la révocabilité, bref
toutes les obligations et droits des fonctionnaires,
procèdera empiriquement suivant les principes de
la justice.

C'est ainsi, d'ailleurs, qu'elle a toujours procédé, et ce n'est que rarement qu'elle a invoqué, dans quelques cas particuliers, une convention de mandat ou de louage de services, solutions d'ailleurs entièrement opposées et qui, par leur contradiction, témoignaient plutôt du souci de la jurisprudence de réaliser l'équité, que d'enfermer les relations de l'Etat et des agents dans une catégorie juridique quelconque (1).

---

(1) En *faveur de la théorie du louage de services :* Lyon, 3 février 1872. S., 74, 2, 119. — Villefranche, 1er février 1873, D., 73, 3, 96. — Marseille, 2 août 1878 et Alais, 14 août 1878. S., 79, 2, 78.

Contre la théorie du louage de services : Arrêt de Tunis, 9 avril 1894. *Revue algérienne,* 1894, p. 374 devant le C. d'Etat. Affaire Dranay. S., 92, 3, 65.

D'autre part de nombreux arrêts décident pour un *mandat public* ou *de service public.* Cass., 29 mai 1886. D., 87, 1, 238. — Cass., 30 octobre 1886. D., 87, 1, 507.

La théorie de la *gestion d'affaires* a été appliquée aussi par la jurisprudence. Cass., 14 mars 1870, ville de Toulouse ; 19 décembre 1877, ville de Bordeaux. — Caen, 18 novembre 1889 ; Rennes, 15 juillet 1889. — Cass. req., 12 décembre 1881, ville de Cannes.

La jurisprudence du C. d'Etat repousse l'idée *d'un contrat administratif.* C. d'Etat, 11 juillet 1894. S. 96, 3, 108. — C. d'Etat, 13 décembre 1889. Cadot : S., 92, 3, 17 ; 29 avril 1892. S., 94, 3, 33, note d'Hauriou : jurisprudence civile a suivi le C. d'Etat.

La jurisprudence a aussi consacré la théorie de *l'acte unilatéral.* C. d'Etat, 13 décembre 1889. S., 92, 3, 23. Comme on le voit la jurisprudence ne s'est arrêtée à aucun système défini, invoquant l'un ou l'autre suivant que l'équité le lui ordonnait.

CHAPITRE III

THÈSE SYNDICALISTE

C'est une bien grave question que celle de savoir si les fonctionnaires ont le droit de se syndiquer. Il y a déjà longtemps que l'opinion est soulevée. Et si sa gravité se mesurait aux passions, aux luttes qui sont nées autour d'elle, le syndicalisme des fonctionnaires paraîtrait un des problèmes les plus redoutables que la République ait à résoudre.

Il est nécessaire, pour une question aussi importante, de faire rapidement une étude parallèle de la loi de 1884 et de celle de 1901, et de faire ressortir quelle supériorité présente l'une sur l'autre, quels avantages une organisation syndicale donnerait au fonctionnarisme.

Il est certain que la loi de 1884 offrirait de très grands avantages aux fonctionnaires syndiqués. Leurs associations constituées, suivant ces règles, y gagneraient une sécurité complète. Ainsi constituées, elles seraient définitives et se trouveraient par là même à l'abri du pouvoir.

La loi de 1901, au contraire, d'une manière générale, est venue reconnaître le droit d'association.

Elle dispose dans son article premier : « Que d'une manière générale, tous les citoyens pourront mettre en commun, d'une façon permanente, leurs connaissances et leur activité dans un but autre que de partager des bénéfices. » Il est possible aux fonctionnaires, en vertu de ce texte, de s'organiser et de s'associer en vue des intérêts corporatifs pour leur défense professionnelle.

Seulement, ce droit n'est pas nettement affirmé et garanti par la loi de 1901, car elle dispose aussi dans son article 3 que la dissolution « devra être prononcée de toute association fondée sur une cause ou un objet illicite ». Et alors, en vertu de ce texte, le gouvernement pourra se permettre de dissoudre toute association de fonctionnaires pour si peu qu'il soit indisposé contre le développement qu'elles prennent et pour si peu qu'il soit porté à interpréter restrictivement la loi de 1901 dans ses dispositions générales.

La loi de 1901 rend possible la défense des intérêts corporatifs, mais elle n'a aucun caractère affirmatif. Elle manque, à cet égard, de précision, et, vis-à-vis un gouvernement plus ou moins libéral, les associations de fonctionnaires ne possèdent aucune sécurité.

Si, au contraire, la loi de 1884 leur était applicable, ils n'auraient plus désormais aucune inquiétude et ils pourraient se livrer librement à la défense de leurs intérêts, car la loi de 1884 a voulu faciliter la défense des intérêts professionnels.

Cet argument-là n'est pas à dédaigner, car on a vu souvent le Gouvernement profiter de cette absence de précision, à ce point de vue de la loi de 1901, et demander la dissolution d'associations de fonctionnaires. Il est vrai qu'elles ont eu, jusqu'à présent, une large tolérance, mais il est arrivé aussi que les Gouvernements en contestaient la légitimité et cherchaient à les faire disparaître. Le plus souvent même, les associations de fonctionnaires ne peuvent se constituer que sous le titre d'amicales, avec le caractère apparent de sociétés de secours mutuels. Elles ne peuvent donc rechercher ouvertement la défense des intérêts corporatifs. La tolérance dont elles profitent n'est souvent qu'au prix de cette simulation.

Une lettre de M. Dubief, ministre du Commerce en 1905, à l'Association générale des sous-agents des Postes, montre combien est fondé le raisonnement qui précède : « Vous avez reçu, écrivit-il, une délégation de l'Etat souverain. Vous détenez une parcelle de l'autorité publique. Permettre de vous associer, à plus forte raison de vous syndiquer, serait compromettre, avec votre propre sort, la vie économique du pays, en dressant, comme on l'a dit maintes fois à la Chambre, l'intérêt privé contre l'intérêt public, contre la souveraineté nationale. »

Constituée, par conséquent, suivant la loi de 1901, toute association de fonctionnaires n'aura qu'une vie précaire et dépendra toujours de l'arbitraire administratif. Réglementée par la loi de 1884, elle deviendrait définitive et n'aurait plus à redouter les persécutions du pouvoir.

Ce premier point est des plus importants. En réalité, c'est une reconnaissance officielle et certaine de leurs droits de défendre leurs intérêts professionnels que réclament les fonctionnaires. Ils ne veulent plus de ce prétendu régime de faveur qui les expose en même temps à l'arbitraire.

En second lieu, les formalités que la loi de 1884 exige pour la formation des syndicats, sont moins compliquées que celles pour la constitution d'associations suivant la loi de 1901. En effet, celles-ci doivent faire une déclaration au bureau de la Préfecture, tandis que les syndicats peuvent la faire partout où ils se constituent, à la mairie, et cela justifie précisément le reproche que nous produisions plus haut et le désir qu'a eu le législateur de 1901, étant donnée la reconnaissance générale du droit d'association, de surveiller particulièrement chacune de celles qui se formeraient et d'exercer sur elles un pouvoir assez large qui leur paraissait nécessité par les termes trop généraux de la loi.

Comme les associations déclarées d'utilité publique, les syndicats peuvent :

1° Recevoir des dons et legs ;

2° Ester en justice ;

3° Employer les cotisations de leurs membres, et cela sans limitation. Mais ils ont une capacité juri-

diqué beaucoup plus étendue, puisqu'ils peuvent
recevoir sans aucune autorisation des dons et legs
et qu'aucune « disposition légale ne vise les valeurs mobilières possédées par eux ».

A cet égard, le législateur de 1901 semble avoir
été dominé par un reste de ce vieux préjugé qui
avait provoqué les lois révolutionnaires et fait
interdire complètement en France le droit d'association. Il a paru redouter que ces associations
n'arrivent à constituer de véritables puissances
dans l'Etat, contre lequel elles n'auraient pas
tardé ensuite à se dresser. Il est vrai que cette
crainte paraît difficilement en apparence et qu'elle
fut assez déguisée. Elle n'en exerça pas moins son
influence, influence qui détermina le pouvoir à se
réserver de grandes facilités en ce qui concerne
leur dissolution et leur faculté de se constituer des
réserves de biens et d'acquérir. Il est essentiel,
pour les syndicats, qu'ils puissent librement recevoir des dons et legs et qu'aucune disposition légale ne vienne viser les valeurs mobilières qu'ils
pourraient posséder. Si l'on eût entravé et réduit
leur capacité d'acquérir, on eût pour ainsi dire
détruit le but qu'on se proposait et paralysé entièrement leur action. Le syndicat ouvrier, dans sa
lutte contre le capitalisme, a besoin de ressources
puissantes, et cela est vrai de toutes les association formées en vue de la défense professionnelle.
Sans doute, ces ressources puissantes pour les
syndicats sont rendues nécessaires par les grèves

nombreuses qu'ils seront amenés à décréter pour le triomphe de leurs revendications ; mais puisque nous n'avons pas encore touché à ce point, en ce qui concerne les fonctionnaires, il faut reconnaître même, qu'en dehors de tout état de grève, il serait essentiel pour leurs associations de jouir du même privilège que les syndicats. D'ailleurs, cette limitation relative à la capacité d'acquérir entraîne une critique d'ordre général qui pourrait s'adresser à la loi de 1901. Elle est incompatible avec une loi qui prononce la liberté d'association.

Les syndicats de la loi de 1884, au cours de leur évolution, ont pris un nouvel aspect. Tandis qu'ils étaient d'abord un organe essentiellement de lutte, avec lequel le patron ne voulait entrer en aucune manière en contact, peu à peu ils ont pris un nouveau caractère. Cette constatation, d'ailleurs, est vraie aussi et surtout pour les syndicats anglais qui présentent toute une administration intérieure assez compliquée, dont le rôle, loin de creuser comme autrefois un fossé de haine entre les forces patronales et les forces ouvrières, s'est efforcé, au contraire, de devenir tout pacifique, d'établir des relations répétées, permanentes entre elles pour la discussion et l'établissement des salaires et des conditions du travail. Ainsi, le syndicat est devenu l'intermédiaire entre les forces patronales et la classe ouvrière dont d'abord il représentait les intérêts dans ses résolutions de lutte et dont ensuite, au cours des événements, il est devenu auprès des patrons, qui durent entrer en contact avec lui, le représentant le plus éloquent et le plus fort pour l'amélioration des conditions générales du travail.

Ce rôle-là, les associations de fonctionnaires voudraient le remplir. Elles voudraient que toutes les règles de la fonction résultent d'une collaboration des pouvoirs publics et de l'association représentant les intérêts des fonctionnaires associés. Sans même désirer un résultat aussi rapide, elles voudraient cependant jouer un certain rôle, posséder une certaine faculté d'intervention pour toutes les questions d'ordre professionnel. Pour préciser, en effet, leurs desiderata, elles voudraient que, si toutes les fois qu'il s'agit de réglementer la fonction, etc., l'Etat pouvait se passer de leur collaboration, il leur soit cependant reconnu un minimum d'intervention, qu'elles puissent être entendues au moins sur les différends et les questions professionnelles. Or, ce résultat leur est absolument impossible dans l'Etat actuel. La loi de 1901 ne permet pas à l'association le droit d'intervenir entre les associés et l'Administration.

Quelques exemples le prouvent.

Deux instituteurs de Marmande (1) furent déplacés d'office. L'inspecteur d'Académie du Lot-et-Garonne déclara : « J'ai donné aux instituteurs

____

(1) Voir *Ecole nouvelle* du 1er octobre 1904.

les explications qu'ils m'ont demandées, mais je ne saurais souffrir l'immixtion de l'Amicale dans cette affaire. »

M. Guérin, dans la Meurthe-et-Moselle, prit la parole pour soutenir un ordre du jour en faveur du professeur M. Thalamas, et cela dans une réunion de l'Amicale. Il fut déplacé d'office. M. Lombard, secrétaire de l'Amicale, voulut intervenir auprès de l'Administration, et il fut également frappé.

De même, dans une autre affaire, MM. Arnaud et Montellet, de l'Ain, furent l'objet à leur tour de mesures disciplinaires pour être intervenus, au nom de l'Amicale, dans l'affaire Vadez.

Le syndicat peut déférer en Conseil d'Etat, d'après un arrêt même du Conseil d'Etat, par voie de recours pour excès de pouvoir, tout règlement de police relatif à l'exercice de la profession de syndiqués.

Il peut créer et administrer librement des offices de renseignements ;

Constituer des caisses spéciales de secours mutuels et de retraites selon la loi de 1868, faculté non reconnue par la loi de 1901. « Une association d'instituteurs de la Haute-Garonne, trouvonsnous dans une brochure (1) sur les instituteurs

---

(1) Brochure : *Les instituteurs syndiqués et la classe ouvrière*, par la Fédération nationale des Syndicats d'Institutrices et d'Instituteurs de France.

syndiqués, avait voulu, en s'appuyant sur l'article premier de la loi de 1901, créer une caisse de secours pour aider ses membres victimes de la diffamation ou de la responsabilité civile ; le Tribunal de Toulouse, par jugement en date du 19 janvier 1905, a prononcé la dissolution de cette caisse. »

Les syndicats peuvent aussi constituer des unions. La loi de 1901 garde le silence sur les unions d'associations. L'article 7 du décret du 6 août 1901 y fait seulement allusion. Les unions d'associations, quand elles existent, sont toujours exposées aux persécutions de l'Administration. Ainsi les Amicales « sont tenues de solliciter humblement et respectueusement l'autorisation de se réunir en congrès, et quand cette autorisation leur est octroyée, elles ne peuvent discuter que les questions qu'il plaît au ministre de voir figurer à l'ordre du jour. En 1901, M. Georges Leygues, ministre de l'Instruction Publique, interdit le Congrès National des Amicales. En décembre 1904, sous le ministère Combes, le directeur des Contributions Indirectes déclarait à une délégation de l'Union des Indirectes : « Je pourrais m'adresser aux tri- » bunaux pour dissoudre l'Union. » Et ce ne fut que grâce à une énergique intervention de la presse que cette mesure ne fut pas exécutée. Mais le président de l'Union fut envoyé de Paris à Mâcon. » (1)

---

(1) Broch. : *Les instituteurs syndiqués et la classe ouvrière, l. cit.*

Enfin, M. Barthou, dans un rapport très important, a proposé de perfectionner encore la loi de 1884 et d'augmenter les avantages qu'elle contenait. Ces avantages nouveaux sont bien une raison nouvelle pour les fonctionnaires de réclamer le droit de s'organiser suivant la loi de 1884 (1).

Et ainsi, s'écrient si justement les fonctionnaires, est-ce que les avantages que présente la loi de 1884 ne justifient pas la lutte que nous soutenons, les efforts que nous montrons pour arriver à en bénéficier comme les autres catégories de travailleurs ? Nous vivons actuellement sous une législation contradictoire. Non seulement nos droits individuels sont menacés par le favoritisme et l'arbitraire, mais notre droit de nous associer en vue des intérêts professionnels est compromis et incertain. Comme nous l'établirons plus loin, la loi de 1884 demandait une interprétation extensive, une application large et juste. Avant la loi de 1901, on comprenait, quoique très faiblement, que le Gouvernement fasse de grandes résistances. Le droit d'association était soumis au régime de l'autorisation. Il paraissait donc une concession dans une époque où, étant donnés les textes, on paraissait aussi avoir conservé le vieux préjugé de la Révolution contre elle. Ce préjugé expliquait encore une certaine résistance, une certaine hostilité de l'Etat à

----

(1) Voir l'ouvrage de M. Barthou sur « l'Action syndicale ».

l'extension de la loi de 1884 qui était, en face d'un régime sévère, une loi d'exception.

Mais depuis la loi de 1901, cette résistance, cette hostilité est impossible à soutenir. On ne devrait plus hésiter à donner une interprétation extensive de la loi de 1884. Dans ses termes généraux, la loi de 1901 contient le pouvoir pour les fonctionnaires de s'associer en vue de la défense de leurs intérêts professionnels. Ce que nous réclamons aujourd'hui, c'est que ce résultat logique, juste, de la loi de 1901, ne soit plus exposé aux décisons de jurisprudence et aux persécutions du pouvoir. C'est que ce résultat soit consacré par les tribunaux, par les pouvoirs publics. Nous voulons sortir de cette incertitude où nous nous débattons, nous voulons un droit ferme, absolu, certain.

Les droits des fonctionnaires, au point de vue de leur nomination, de leur avancement, de la répression disciplinaire, sont exposés à l'arbitraire de l'Etat. Il en est de même de leur droit d'association. En même temps que nous réclamons un statut fixant la situation juridique de tout agent de l'Etat, nous demandons aussi un statut, une réglementation définitive sur le droit d'association. Ce n'est pas un droit nouveau que nous revendiquons puisque ce droit résulte pour nous de la loi de 1901 et que nous pourrions le retirer de la loi de 1884. Nous demandons la protection de nos droits.

Que l'Etat ne soit plus libre de laisser se for-

mer des syndicats de fonctionnaires et de les interdire en d'autres circonstances, en d'autres lieux.
Où un droit existe et il doit être affirmé partout.
Partout et toujours il doit trouver la même protection et les mêmes encouragements. Mais un
droit que l'on peut méconnaître et combattre, est-
ce un droit ?

Le pouvoir de nous organiser, de nous grouper
pour défendre chacun notre profession, l'améliorer, la perfectionner, est-ce un pouvoir subversif
que nous réclamons ? Les adversaires de la thèse
syndicaliste dénoncent l'anarchie ; ils dénoncent
l'ébranlement général de la discipline, la désor-
ganisation complète de l'Administration avec l'organisation syndicaliste. Mais alors si l'anathème
était vrai, si cette menace pesait véritablement sur
la sûreté de l'Etat, sur le bon fonctionnement de
l'administration, si véritablement elle s'adressait
à l'intérêt général, pourquoi l'Etat a-t-il fait des
concessions ? Pourquoi n'a-t-il pas observé, opposé
une résistance absolue et complète à toute constitution de syndicats ? Or il est incontestable qu'une
foule de syndicats se sont constitués et qu'il les a
reconnus. Est-ce qu'il ne reconnaissait pas, par là
même, que ce mode d'organisation était légitime ?
Est-ce qu'il ne s'interdisait pas, par suite, à invoquer l'art. 3 de la loi de 1901 qui l'autorisait à dissoudre toute association fondée sur un objet illicite. Comment, un syndicat de fonctionnaires se
constitue ; il le tolère ! Comment, en d'autres cir-

constances, en d'autres lieux, pourrait-il invoquer son objet illicite pour le briser et le faire cesser ?

On nous dit : « Les fonctionnaires doivent s'incliner devant la loi ». Si, nous plaçant au point de vue législatif, nous nous demandons : Faut-il permettre aux fonctionnaires de se syndiquer ; est-ce que les obstacles, qui pourraient être opposés, pourraient venir d'une loi, en supposant qu'elle soit. Le législateur ne saurait, en effet, être lié. Et si nous nous demandons quelle est, en l'état actuel des choses, la solution qui s'impose à nous, aucune loi n'existe, dont on puisse se réclamer contre les fonctionnaires.

Ils possèdent, au contraire, deux arguments de texte décisif ; la loi de 1884, d'abord, qui n'a fait aucune distinction parmi les travailleurs, qu'ils soient au service de l'Etat ou d'une entreprise privée. Nous examinerons ce point plus loin.

Nous avons aussi, comme nous le disions plus haut, la loi de 1901. Elle permet, étant donnés ses termes généraux, la formation de toute association, sauf de celles ayant un but, un objet illicite.

La question est donc de savoir si les syndicats de fonctionnaires sont illicites. Il est impossible de le déclarer, si l'on tient compte de la jurisprudence qui a étendu à certaines catégories de fonctionnaires la loi de 1884, si l'on tient compte de la tolérance de l'Etat lui-même.

Sur quoi la jurisprudence et les pouvoirs publics pourraient-ils se fonder pour déclarer qu'un syn-

dicat de fonctionnaires aurait un objet illicite ?
Aucune loi ne s'oppose à eux. Or est seulement illicite tout ce qui est défendu par la loi. Et si, d'une
manière générale, on voulait définir une chose illicite en disant d'elle qu'elle est toute chose contraire à l'intérêt général, à l'ordre public, quel
critérium la jurisprudence, les pouvoirs publics
possèdent-ils de l'ordre public ? Quel critérium
pourraient-ils invoquer, quand nous voyons précisément l'ordre public troublé, bouleversé parce
qu'il réclame la constitution de syndicats ?

Ce n'est pas seulement, en effet, l'immense armée des fonctionnaires qui, souffrant de la tyrannie administrative, réclament pour eux l'application intégrale de la loi de 1884. La presse, l'opinion
publique générale, tout le parti véritablement républicain demande ce progrès. Que disons-nous ? Ce
progrès est accompli. En droit, la question ne fait
plus de doute. C'est la confirmation de ce progrès,
la certitude que nous réclamons qu'il sera « à l'a-
bri de tout retour offensif de la réaction administrative ».

Mais nier le droit au syndicat, ce serait un retour en arrière, ce serait nier le progrès accompli.
Il faudrait aller jusqu'au bout, détruire la jurisprudence établie et, repoussant toute tolérance
même, adopter une rigueur impitoyable. Que disons-nous même ? Dans cette retraite, il ne faudrait pas s'arrêter à ce résultat. Il faudrait
défendre, interdire complètement aux fonctionnai-

res le droit de s'associer pour un but quelconque.
Car on ne veut pas qu'ils puissent se concerter,
s'occuper de la défense de leurs intérêts professionnels. Comment les empêchera-t-on d'y songer,
d'y travailler dans les réunions de leurs amicales ?
Il faut leur reconnaître tout ou leur nier tout. Et
alors, c'est la loi de 1901 tout entière qui revient
en discussion ; c'est une brèche. C'est le magnifique progrès que tout un siècle avait attendu qui
est sacrifié. C'est la liberté, c'est le droit du citoyen qui est menacé et atteint dans la personne du
fonctionnaire.

On pourrait, il est vrai, tolérer les associations
de fonctionnaires dont le but avoué, apparent, serait autre que celui qui intéresse la fonction. Mais
peut-on accepter une pareille transaction ? Elle
serait humiliante pour l'Etat. Au nom de quel
intérêt chercherait-il à sauver les apparences ?
Qu'il se défende ou qu'il s'incline. Mais l'équivoque lui est défendue à son tour. Il doit avoir le courage ou de faire des lois injustes ou de faire des
lois justes.

On nous oppose l'intérêt de l'Etat. Tolérer les
syndicats de fonctionnaires, dit-on, ce serait vouloir briser la force de l'Etat. Pense-t-on que le
droit et la justice puissent résulter de ce conflit
permanent entre deux puissances qui deviendront
également redoutables. Les syndicats constitueront, à la fin, des forces contre qui plus rien ne
saurait se heurter. L'Etat, s'il les reconnaissait,

ferait un aveu de son impuissance à accomplir sa mission de droit. On ne peut pas lui demander de se détruire lui-même, car il est le résultat, le produit de tout un travail séculaire. Sa constitution fût précédée par l'anarchie. Alors, diverses puissances se partageaient le territoire, y légiféraient différemment. La justice, dans cette période, prenait des décisions contraires. Les intérêts des provinces se heurtaient aux intérêts des autres provinces. La vie nationale n'existait pas. Elle se traduisait par une série de luttes, de conflits permanents, d'où aucun principe, aucune idée généreuse de progrès ne pouvait se dégager, et le pays entier allait à l'aventure, suivant le hasard des événements les plus décisifs.

Est-ce que les partisans du syndicalisme des fonctionnaires voudraient faire retraverser à notre pays les épreuves déjà subies et faire le sacrifice dès efforts accumulés pour arriver à ce merveilleux régime administratif, qui a voulu qu'une seule force, qu'une seule et même impulsion donnât la vie à tout le pays entier. Car l'Etat est un bienfait, comme disait Bluntschli.

De même que l'autonomie des provinces serait une profonde erreur, si elles prétendaient la posséder entièrement et si elles refusaient de la voir limitée seulement aux actes où leur initiative seule serait utile pour leurs propres intérêts ;

De même, ce serait une erreur fatale que d'autoriser les syndicats de fonctionnaires. Ils affirment, aujourd'hui, ne se proposer d'autre but que celui de défense professionnelle, c'est-à-dire défendre les droits de la fonction ; mais il ne faut pas se dissimuler que, loin de devenir pour l'Etat des auxiliaires qui l'aideraient dans sa mission de droit, au cours de leur développement et de leur évolution rapide, ils ne tarderaient pas à devenir de véritables puissances élevées contre lui et lui faisant échec.

La théorie syndicaliste est une théorie qui s'appuie sur de nombreux arguments de faits. Il n'est pas possible de le nier. Cependant, on ne peut pas nier aussi qu'elle est surtout une thèse que ses partisans défendent à ce titre. Et comment, par conséquent, une thèse, enfantée par l'intelligence de ses auteurs, trouverait-elle, en elle-même, assez d'arguments, assez de forces pour ébranler une institution que l'expérience du passé a voulue, a imposée. L'histoire, peu à peu, a travaillé à l'établissement de cette force supérieure, de cette puissance souveraine s'imposant à tout le pays, l'Etat. Que les hommes le veuillent ou ne le veuillent pas, les événements, et nous parlons seulement de ceux qui font époque dans la vie d'un pays, ces événements résultent de nécessités particulières, profondes. L'on pourrait dire que la législation d'un pays comme son régime administratif sont plutôt l'œuvre d'un déterminisme, d'une sorte de fatalisme, que l'œuvre de la volonté humaine, à moins que celle-ci ne se soit attachée à obéir à l'œuvre de fatalité.

Comment la théorie oserait-elle donc vouloir abolir, détruire ce que la pratique a établi. Et parce qu'elle aurait trouvé harmonieux l'existence de syndicats de fonctionnaires à côté de syndicats ouvriers, les uns se dressant contre l'Etat, les autres contre le patronat, pour cette raison on détruirait ce que le temps a établi !

La question qui se pose n'est pas pour amener le triomphe du droit, de diminuer et réduire la puissance de l'Etat, mais seulement de corriger ses moyens d'action et faire en sorte, par un système préventif, qu'il ne s'engage pas dans d'autres voies que celle qui légitime son existence.

La réponse est aisée. Si nous défendons la thèse syndicaliste, c'est parce qu'elle répond à de véritables nécessités et la preuve, nous ne voulons provisoirement la chercher que dans ce merveilleux mouvement d'associations (1) qui se sont constituées dès le lendemain même de la loi de 1884. Oui, il est vrai qu'une loi ne sera jamais qu'une utopie, si elle prétendait dicter les événements. Oui, loin de les décider, elle doit être dictée par eux-mêmes. Les lois viennent consacrer les faits plutôt que les précéder. Si nous acceptons donc la théorie de nos adversaires, à savoir que les faits sont justes parce qu'ils sont, et qu'ils sont parce qu'ils répondent à des intérêts qu'instinctivement ils ont satisfaits, quel argument ne peut-on pas tirer pour

---

(1) Voir les articles de Georges Cahen dans la *Revue bleue*, 1905.

notre cause de cette multitude d'associations constituées sur toute la surface du territoire ? Quel
argument ne pouvons-nous pas en tirer, si nous
déclarons que ce mouvement est irrésistible et que
les lois qui voudraient s'y opposer resteraient im-
puissantes ?

Et si l'Etat essayait lui-même de s'y opposer,
peut-il penser qu'il consoliderait sa force ? Loin
d'assurer ses positions, il se heurterait à des difficultés terribles. Les fonctionnaires s'acharne-
raient à leur tour. De plus en plus persécutés,
quant à leur droit d'association, ils agiraient se-
crètement. Il s'engagerait entre le pouvoir central et les fonctionnaires une hostilité sourde, une
lutte secrète pendant laquelle chacun s'épuiserait,
l'un à interdire une institution équitable, l'autre à
la revendiquer. Que deviendrait l'ordre en ce moment ? Et que devient-il déjà depuis que la résistance s'est produite ? La persécution a-t-elle jamais réussi contre ceux qu'elle poursuivait ? La
défiance entre les fonctionnaires et le pouvoir central, un esprit d'insubordination de plus en plus
caractérisé ! Oui, l'ébranlement maintenant de la
discipline, voilà, pour ne pas les amplifier, les résultats d'une pareille résistance.

En combattant le syndicalisme, on s'oppose, en
outre, au développement de cet esprit de solidarité qui se forme au milieu de tout groupement et
grâce auquel une confiance réciproque aurait
animé tous les fonctionnaires les uns vis-à-vis des
autres, et grâce auquel aussi ils auraient gagné

une conception plus élevée et une meilleure compréhension des devoirs de la fonction.

D'ailleurs, l'Etat, en reconnaissant le syndicat, que tolère-t-il ? Leur donne-t-il, comme on veut bien le dire, des armes contre lui ? Quand la loi a reconnu aux ouvriers le pouvoir de se syndiquer, a-t-elle réduit et porté atteinte positivement aux droits des patrons ? L'organisation syndicale a permis à la classe ouvrière de défendre ses droits contre l'exploitation capitaliste. Ce fût d'abord un moyen de grouper ses forces dispersées et de lui procurer des ressources dans sa lutte contre le patronat. C'était simplement le droit qui leur était reconnu de se solidariser. Autrefois, la solidarité leur était interdite. La loi de 1884 est venue lever l'interdiction. Dans la suite, il est vrai, le syndicat devint si considérable qu'il put intervenir au nom de la classe ouvrière, exposer ses revendications et les faire réussir. Mais il ne faut pas oublier que la loi de 1884, en autorisant les syndicats, ne rendait pas leur intervention auprès du patronat obligatoire. Le patronat pouvait la repousser. Si cette intervention fut renouvelée, c'est que le patronat lui-même l'accepta, l'encouragea, préférant ainsi traiter avec les représentants de la classe ouvrière (1).

Il en est de même du syndicat des fonctionnaires. En leur appliquant le bénéfice de la loi de 1884, l'Etat ne va pas créer contre lui-même une

____

(1) Cependant beaucoup de patrons encore refusent de reconnaître le syndicat.

force qui viendrait lui résister. Ses pouvoirs resteront intacts. De même qu'il a dû reconnaître aux citoyens le droit de former des contrats de droit civil et qu'il n'a pas pensé perdre une seule de ses prérogatives, il en sera de même s'il leur reconnaît la possibilité de se constituer en syndicats.

Que l'on n'invoque pas que les fonctionnaires syndiqués peuvent se mettre en grève, qu'ainsi ils seront une perpétuelle menace pour l'administration dont ils arrêteront le fonctionnement, que les services essentiels du pays seront compromis à tout instant et la vie sociale et politique empêchée. C'est une erreur qui a été réfutée depuis longtemps. En vain, M. Barthélemy (1) y cherche un argument, cet argument n'a d'autre résultat que de le conduire à nier précisément le droit d'association lui-même et à l'interdire complètement à tous les fonctionnaires!

Le syndicat et la grève sont cependant deux choses bien distinctes. L'un est réglé par la loi de 1884, l'autre par la loi de 1864. Il est arrivé souvent que des travailleurs qui n'étaient pas organisés préalablement se soient cependant subitement mis en grève, spontanément, pour une action immédiate et commune.

« Grossière est l'équivoque, écrit M. Viviani, qui veut enchaîner les fonctionnaires à l'association et les détourner du syndicat sous prétexte que la grève pourrait par eux être ouverte. Le

____

(1) *Loco cit.*

droit de grève n'est pas plus inhérent au syndicat qu'il n'est inhérent à l'association. Du jour où cent hommes, mille hommes se sont réunis, ont pris soin de rédiger des statuts, se sont conformés à une discipline, il leur est loisible, sur un signal, de se concerter en vue d'une grève. Ce n'est pas parce que l'association prendra le nom de syndicat que le droit de grève sera ou ne sera pas exercé. » (1)

Nous devons, par conséquent, laisser entièrement cette question de côté, car, en dehors de toute organisation, une protestation violente peut jaillir spontanément, subitement, et il ne nous est pas permis de dire si nous en ferons usage ou si nous la répudierons. Ce sont d'autres considérations qui entrent en jeu.

Mais ce que nous revendiquons, c'est la possibilité pour les syndicats de fonctionnaires de s'affilier à la Confédération Générale du Travail.

C'est en vain qu'on répond que leur affiliation à la Bourse du travail entraînera les fonctionnaires dans un mouvement de désordre. C'est une singulière erreur. Les éléments, au contraire, dont l'influence sera la plus considérable et décisive sur la marche de la Confédération Générale du Travail, ce seront bien les éléments intellectuels et réfléchis que les syndicats de fonctionnaires y introduiraient. Ils y apporteraient, par conséquent, plus de pondération, plus de modération. Ils effaceraient peu à peu par leur influence heureuse le

____

(1) Article du *Petit Provençal.*

6

caractère révolutionnaire de la Bourse du travail, ou, du moins, ils en réduiraient l'exagération. Ce serait une véritable collaboration de tous les prolétaires, de toutes les classes des travailleurs, collaboration à la suite de laquelle chacun montrerait toutes ses vertus, tous ses mérites et ainsi l'action sociale serait une action sincère et éclairée vers le droit, dégagée des excès qui en compromettraient le résultat.

Ainsi se formerait, se ferait l'éducation de la liberté. Travailleurs et intellectuels unis, un sentiment de solidarité plus fort se développera avec la connaissance des mérites et des besoins de chacun et préparera ainsi de plus en plus le régime de droit.

Ou nous sommes satisfaits du régime actuel, ou nous disons qu'on ne peut rien, que la question sociale fut l'éternel problème qui a agité les générations passées, provoqué tant de révolutions, mais qu'elle sera aussi l'éternel problème de l'avenir ;

Ou bien nous avons foi dans la volonté humaine, ou bien nous croyons à une perfection incessante de l'homme, qui l'oblige à rechercher un idéal de plus en plus beau et à s'approcher de plus en plus de la justice, et alors si nous avons cette confiance, si nous avons cette espérance, pourquoi, à cette même œuvre, ne pas laisser s'atteler toutes les forces du travail ?

Pourquoi ne pas laisser se fortifier cette vaste

confédération en la délivrant de tous les éléments
de trouble et d'anarchie, de façon à ce que tout ce
qui vivra en dehors d'elle soit ce qu'elle a expulsé,
ce qu'elle n'a pu conserver, ce qu'elle a châtié,
parce que c'était la honte, le vol, l'exploitation ?

Quand la foi religieuse, dans notre pays, il y a
quelques siècles, était si profonde, elle se traduisait par l'élévation jusque dans le plus petit vil-
lage, de monuments, d'églises en l'honneur de la
divinité. Le travailleur qui éleva ces constructions
les marqua de sa foi profonde. Non seulement, il
fit des monuments impérissables qui devaient traverser les siècles, mais les endroits, les régions les
plus cachées ou les plus élevées de ces monuments,
étaient aussi sincèrement, aussi habilement ache-
vés. Partout le ciseau était passé, polissant et faisant disparaître l'imperfection.

Aujourd'hui, un autre idéal anime le travailleur. Il le libérera, il l'affranchira de toutes les
puissances de servitude. Au nom de cet idéal auquel il est attaché profondément, avec la même
sincérité, les mêmes efforts, il travaillera à l'établissement du régime nouveau. Pour cela, il faut
que le travail s'organise ; il faut une organisation
supérieure du travail qui groupe toutes les forces,
toutes les volontés des travailleurs.

Ainsi donc parce que des éléments d'anarchie se
sont introduits au milieu de la Confédération Générale du Travail, ce serait une raison pour en
combattre l'institution. Il appartient, au contraire,

de la défendre contre eux-mêmes en les éliminant
par tous les moyens. C'est le sort de toute organisation de présenter au début des excès. Mais
l'expérience et la bonne volonté parviennent à préciser la véritable voie où elle doit s'engager et
dont elle ne devra plus sortir. Ainsi, une aiguille
aimantée qui, livrée subitement aux influences qui
la sollicitent, affolée, oscillera longtemps de part
et d'autre de la ligne dont elle doit indiquer la
direction et arrivera peu à peu à désigner le point
voulu.

La Confédération Générale du travail doit réunir, grouper tous ceux dont les intérêts sont voi-
sins et qui sont animés par le même idéal. Quelle
différence établir entre des employés de l'Etat
et ceux d'une entreprise privée ? Exemple : employés des chemins de fer. Pourquoi dénier aux
premiers ce que l'on accorde aux autres ? Pour
quelle raison, d'une manière plus générale, défendre le syndicat aux uns, et le désirer pour les autres? C'est parce qu'ils ont compris la force de cet
argument que les pouvoirs publics et la jurisprudence sont arrivés à reconnaître la constitution de
quelques syndicats. Peu à peu, d'étapes en étapes,
la jurisprudence s'est montrée plus large.

Elle ne pouvait pas nier, en second lieu, que
c'était bien l'esprit de la loi de 1884 qui n'avait
fait aucune distinction et qui, n'ayant jamais sup-
posé une situation exceptionnelle pour les agents
de l'Etat, s'appliquait entièrement à eux. La ju-

risprudence pouvait aller plus loin. Elle a cons-
truit dans notre droit civil et administratif de magnifiques doctrines, et cela souvent à cause de l'interprétation de plus en plus large qu'elle pouvait
faire des textes. Pour notre question, cela ne lui
était pas impossible.

« On ne saurait imaginer rien de plus clair,
écrit Waldeck-Rousseau. Ce qui est interdit en
dehors du cercle professionnel, est permis à tous
ceux qui sont unis par un même intérêt professionnel. Aucune distinction n'est faite par l'article 2 entre les métiers ou les professions, et rien
n'autorise à exclure, par exemple, du bénéfice de
la loi de 1884 les professions libérales pour les réserver aux professions non libérales.

» L'article 3 ne fait que compléter la même pensée. La garantie que le législateur trouve dans la
communauté de profession et de métier, eût dis-
paru si des personnes exerçant la même profession eussent pu s'associer dans un but étranger,
comme, par exemple, un but politique. Elle a dis-
posé, en conséquence, que les syndicats professionnels auraient pour objet exclusif l'étude et la défense des intérêts économiques, industriels, com-
merciaux et agricoles.

» Donc, appartenir à une même profession, se
proposer un avantage professionnel, telles sont en
réalité les deux seules conditions pour la formation d'associations permises dans les termes de la
loi de 1884.

» Nous n'avons jamais pu admettre que la loi de 1884 ait établi une distinction entre les professions libérales et les professions non libérales. Il est difficile d'apercevoir dès que la profession implique la stipulation d'un salaire, d'une rémunération, où elle commence, où elle cesse d'être libérale.

» Que si on invoque l'article 6 pour soutenir qu'il faut, pour ester en justice, être un syndicat de patrons ou ouvriers, on détourne cet article de son sens naturel. Ce n'est pas à cet article 6 qu'il faut se référer pour savoir quelles sont les personnes aptes à former un syndicat. Tel n'est pas son objet. C'est, au contraire, l'objet certain et précis de l'article 2, qui n'exige qu'une condition : l'exercice d'une même profession ou d'un même métier. » (1)

Une circulaire prise en application de la loi par M. Waldeck-Rousseau, le 21 mars 1884, « son laconisme qui est tout à l'avantage de la liberté, pourra causer au début quelques hésitations et quelques incertitudes. Il serait difficile de prévoir à l'avance toutes les difficultés qui pourront surgir. Elles devront toujours être tranchées dans le sens le plus favorable au développement de la liberté ».

---

(1) Consultation Waldeck-Rousseau, cité dans le rapport de M. Barthou, page 45.

Quoi qu'il en soit, la jurisprudence a été amenée à faire des concessions. Il existe aujourd'hui un texte suffisant pour permettre aux fonctionnaires de s'associer en vue de leurs intérêts corporatifs. C'est la loi de 1901. Cependant, les tribunaux et le gouvernement y ont résisté. Mais, aujourd'hui, le mouvement a dépassé le cadre habituel. Un courant s'est formé et on ne remonte pas le courant. La question va être soumise au Parlement et c'est le Parlement qui devra décider démocratiquement. En 1905, le ministère Rouvier éludait la difficulté et demandait la solution aux tribunaux, ce qui établissait que les tribunaux, en réalité, avaient toute latitude, la difficulté de la solution cherchée résultant de l'interprétation qu'on donnerait aux textes. Cela établissait que les tribunaux pouvaient reconnaître la thèse syndicaliste, parce que les textes pouvaient les y autoriser. Maintenant, ce n'est plus à la jurisprudence à se prononcer, mais la sommation est adressée au Parlement.

S'il n'était pas question en même temps de régler la situation juridique des agents de l'Etat, afin de les soustraire à l'arbitraire, nous aurions vu combien efficace contre ces pratiques aurait été l'action des syndicats. Non seulement, chaque fonctionnaire isolé aurait trouvé auprès de lui l'appui et l'encouragement pour faire respecter ses droits et se faire rendre justice, mais le syndicat, sans avoir recours même à la grève, aurait été un puissant levier pour soulever l'opinion publique et pour l'associer à ses protestations contre les illégalités.

Nous espérons que le statut des fonctionnaires promis aura les véritables résultats qu'on en attend et, dans ce cas, nous pourrons dire qu'une véritable révolution se sera accomplie. Si, cependant, à travers le régime nouveau, il existe des passe-droits, le syndicat sera là pour les relever et les faire cesser.

Mais les fonctionnaires ont des intérêts économiques, des intérêts matériels à soutenir. Ils reçoivent de l'Etat un traitement et ils fournissent chaque jour des services particuliers. L'organisation de chaque branche de l'administration peut présenter de véritables lacunes, être défectueuse, entraîner une complication des affaires, surcharger inutilement le service ; eh bien, le syndicat sera là, pacifiquement ; il interviendra auprès du gouvernement afin de lui traduire les vœux des fonctionnaires, afin de lui indiquer, s'il ne les apercevait pas, les réformes à accomplir, les simplifications à apporter partout dans les rouages comme dans le mode de travail, afin de rendre plus facile et plus agréable la fonction, en lui épargnant tout ce qui est inutile et cela pour le bien-être du fonctionnaire et pour l'intérêt public.

Le gouvernement, dans les travaux qui lui incombent, s'entoure de grands conseils dont il demande l'avis. Il fait procéder à des enquêtes afin de ne pas se prononcer à la légère et travailler

utilement. Quel meilleur auxiliaire aura-t-il auprès de lui que le syndicat ? Pourquoi s'acharne-
rait-il à lui faire opposition ? Il serait injuste qu'il
luttât contre ceux qui veulent l'aider dans sa mission. Est-ce que nous ne le voyons pas de plus en
plus faire appel à des concours étrangers ? Il y a
quelques années, la justice, à la recherche du mal-
faiteur, du criminel, procédait avec ses propres
moyens. Elle agissait seule. Aujourd'hui, en même
temps que, dans notre société, elle devenait une
puissance remarquable d'information, que tous les
partis successivement essayaient de gouverner
par elle, la Presse est devenue la collaboratrice de
la justice. Un attentat, un crime, etc., sont-ils commis, le reporter procède à l'enquête ; il interroge,
écoute, retient, fait des hypothèses, les vérifie. Le
juge d'instruction lui communique certains résultats obtenus, s'éclaire auprès de lui, et ainsi ils
travaillent ensemble à une même œuvre (1).

Qu'il en soit de même des syndicats. Chacun se
spécialisant nécessairement pour le corps administratif qu'il représente, tiendra l'Etat au courant
de tous les événements qui s'y produisent, des tendances qui s'y forment et s'y développent. Enfin,
faudra-t-il faire des lois pour la fonction ? Quelle
meilleure idée que celle de consulter l'intéressé lui-
même, le titulaire de la fonction, par l'organe de
son représentant, le syndicat.

---

(1) Affaire des bandits de Langon (Gironde), en 1907, assassinat
de Monget, affaire dans laquelle le Juge d'Instruction ne parvint à
des résultats que grâce à une collaboration absolue de la Presse.

Nécessairement, l'Etat sera engagé à faire comme les patrons. Ceux-ci, au début, étaient résolus à n'entrer en aucune manière en contact avec eux. Peu à peu, ils comprirent que leur intérêt commandait, au contraire, des relations continues.

Ainsi se conduira l'Etat. Aujourd'hui, il leur résiste et cette résistance se traduit par le refus de reconnaître légalement leur existence. Demain, après les premiers moments de collaboration, il apercevra combien sa tâche est simplifiée. Peu à peu, il arrivera entièrement à se reposer sur le syndicat, qui deviendra un organe nouveau dans notre régime, un organe entièrement autonome. Ce sera alors le triomphe de l'idéal syndicaliste et de la véritable démocratie.

Ainsi, nous avons dit les raisons pour lesquelles on ne devait plus hésiter à refuser aux fonctionnaires le bénéfice de la loi de 1884. Nous avons montré comment, en l'état actuel, une solution était nécessaire ; comment il s'agissait de maintenir le progrès déjà accompli ; nous avons présenté le syndicat non pas comme un instrument de guerre, mais comme un instrument de paix, comme un moyen pacifique de réformer l'Administration et réaliser des progrès par le développement de la solidarité, et les faibles moyens d'action que la loi de 1884 lui donne au début.

En réalité, ceux qui sont les adversaires du syndicalisme, le sont parce qu'ils sont ennemis de tout ce qui est nouveau. C'est un principe chez eux.

Ils sont conservateurs par tempérament, par nature. C'est le seul argument qu'ils puissent invoquer.

La question syndicaliste n'est pas un problème
aussi difficile et aussi redoutable qu'on veut le
supposer, quand elle se borne à revendiquer, pour
les fonctionnaires, pour les agents de l'Etat, seulement le bénéfice de la loi de 1884. La question
serait différente s'il s'agissait de poser les bases
d'un véritable régime syndicaliste, conçu selon
l'idéal que nous allons exposer plus loin. La
question serait bien différente et demanderait certainement plus de réflexion. Mais, jusqu'ici, les revendications des agents de l'Etat sont bien plus
modérées.

On nous dit que même, leur faire cette simple
concession c'est compromettre l'avenir, c'est amor-
cer, annoncer le véritable régime syndicaliste. Nous
l'avons dit, on ne recule pas devant les faits. La
loi se pénètre, s'inspire des réalités et doit leur
obéir. Nous sommes en présence d'un mouvement
associationniste que nous ne pouvons plus arrêter.
Il faut nous incliner devant les faits. D'ailleurs,
est-il vrai de dire que nous amorçons, que nous an-
nonçons l'idéal syndicaliste. Il est impossible de
le dire. La prévision humaine, quelles que soient
ses facultés, est très limitée. Ce sont les événements et les circonstances qui décident. Ils ont des
raisons meilleures, parce qu'ils ont eu leur résultat. Il faut s'incliner devant le fait acquis. Lui ré-

sister, ce serait engager une lutte inutile. La volonté humaine serait impuissante contre la volonté des faits.

Voulez-vous arrêter le cours de ce torrent impétueux ? Il menace, dites-vous, toutes les terres de vos champs. Vous établirez un barrage solide, en forte maçonnerie, que l'entrepreneur le plus habile admirera. Vous l'arrêterez, un instant, dans sa course, mais le niveau des eaux s'élèvera. Si la maçonnerie que vous avez élevée résiste à la pression formidable, elle se trouvera débordée et submergée, et les eaux reprendront leur course avec plus de vitesse et de violence.

Avant la question syndicaliste il y a, en réalité, une autre question, question philosophique qui se pose. Il ne s'agit pas, en vérité, de poser les arguments pour ou contre le syndicalisme. Il s'agit plutôt de regarder autour de soi et de ne pas vouloir contrarier la réalité des faits. Le fait est souverain.

Quand les philosophes disent que tous les peuples marchent vers une législation idéale, ils cessent d'être philosophes. Jusqu'à ce jour, cette législation idéale, cette législation commune, ne s'est jamais rencontrée. Il n'y a pas deux peuples qui en possèdent une commune. Y a-t-il un critérium du droit ? Qu'est-il ? Il ne signifie rien, si nous le dégageons du milieu où il s'est formé. Le droit est aussi un produit historique. Et comment pourrait-on mieux nier l'influence de la volonté humaine ?

Mais alors c'est la négation de l'idéal. Pourquoi se forger un idéal quand on n'est pas sûr d'y arriver, et quand on est convaincu que la conception, que la vision qu'on en a, est inutile, puisque notre volonté n'est pas libre de le réaliser, d'essayer de l'approcher et qu'elle doit s'incliner devant des forces inconnues et supérieures ?

L'intelligence humaine a eu le tort de croire qu'elle pouvait tout domestiquer, tout maîtriser, modérer, régler ou arrêter, même les forces matérielles. Elle a cru qu'il lui suffisait de dresser arbitrairement, capricieusement, vis-à-vis du monde extérieur, un plan qu'elle aurait déduit logiquement d'un premier principe, choisi librement par elle.

Elle se fit une singulière illusion. L'homme ne peut que simplement suivre le cours des choses. Il peut en accélérer le résultat ou le retarder. Il peut diriger, régler le mouvement qu'il préside, mais qu'il n'a pas provoqué.

Mais c'est singulièrement réduire son rôle. C'est le réduire à l'inertie d'un spectateur.

Oui, c'est bien là encore le préjugé qui veut que l'homme soit indépendant du monde, comme si lui-même il n'avait pas sa tâche assignée, sa tâche imposée. Il a cru être une fin que le Créateur avait désirée ; il a cru être une fin en soi et pour soi. Il ne comprenait pas que dans la nature, il avait sa fonction aussi à remplir, à laquelle il ne pouvait se dérober, la nature lui ayant donné le

plaisir et la douleur, afin que, par ces artifices, il
ne s'y dérobât pas. Ainsi, il obéit, lui-même, à la
fatalité, à la fatalité qui préside aux destinées du
monde. Que nous considérions la vie prenant nais-
sance, se multipliant, que nous la considérions au
déclin et sombrant tour à tour dans l'immensité,
toujours la loi du destin. L'intelligence, elle-même,
a ses lois. Non seulement elle a ses lois, mais elle
doit s'incliner devant celles du monde extérieur,
en ce sens qu'elle ne saurait les modifier. Il y a les
lois du monde physique ; il y a les lois qui expliquent le développement humain, des sociétés, des
civilisations, etc.

Il est une doctrine qui se réclame de l'intervention providentielle dans les événements de la vie.
L'intervention, la volonté divine, voilà l'explication de tout. On lui a opposé le libre arbitre humain, l'indépendance de la volonté et de l'intelligence de l'homme. Quant à nous, nous nions l'influence divine et humaine en ne donnant à celle-ci
qu'une part très relative. Nous glorifions surtout
le fait qui a certainement des raisons qui nous
échappent.

Que pourrait, en effet, la volonté d'un homme,
la volonté d'un groupe, la volonté d'une majorité, contre un fait que le temps répète et fortifie ?

Le fait, c'est la transaction opérée entre toutes
les aspirations du passé et celles du présent. C'est
la conciliation de toutes les influences qui se heur-
tent et s'entrecroisent, qu'elles viennent de l'his-

toire ou de l'heure présente. Il est un moment où toutes les passions se trouvent en conflit, la souffrance vécue, le désir naissant, où la tradition commande et le progrès s'impose. Mille revendications obscures, imprécises, s'élèvent en ce moment, discrètement, venant tour à tour de la maison du potentat et de l'humble chaumière du paysan. Et il s'ébauche, se forme, se précise une opinion générale, qui est encore une sorte d'inconscience. Mais elle a une force inouïe, parce qu'elle est, elle-même, une résultante de toutes les autres forces rencontrées, et c'est elle qui produira le fait comme elle expliquera l'idéal. L'idéal, on ne le façonne pas. On ne le forge pas ; mais il nous est inspiré, mais il nous est suggéré. Et le fait est tellement complexe, il est tellement compliqué dans ses causes, que nous déclarons qu'il est impossible de les connaître, qu'il est donc impossible de le prévoir lui-même avec certitude et de songer à l'empêcher ou le détruire quand il s'est produit. Il a des causes profondes et mystérieuses qui le rendent souverain. Il faut lui obéir.

Les luttes des partis ont pu amener des résultats contraires à ceux qui devaient résulter du libre développement des choses. Mais ces résultats furent momentanés. C'est ainsi que les Républiques antiques, qui contenaient l'institution de l'esclavage, ne venaient pas à leur heure. Elles étaient condamnées à périr aussitôt, parce que cette institution-là était la preuve que ce régime était prématuré, en dehors de l'évolution, qu'elles n'étaient qu'un simple événement politique.

Si des majorités politiques se sont constituées, c'est qu'elles devaient se constituer. Elles ne sont pas le succès remporté par les premiers prosélytes, leurs premiers initiateurs. Disons que ceux-ci avaient une intelligence supérieure de l'histoire, une intuition remarquable des faits. Sans doute, il faut leur être reconnaissant. Leur zèle, leur ardeur, leur sacrifice, hâtèrent la formation de ces majorités, mais elles devaient nécessairement se produire (1).

Tels sont les arguments des syndicalistes quand ils se bornent à revendiquer pour les fonctionnaires le bénéfice de la loi de 1884, c'est-à-dire le droit de s'associer en vue de la défense de leurs intérêts professionnels.

Nous allons examiner la thèse du syndicalisme intégral.

____

(1) Voilà pourquoi, ceux qui voudraient expliquer rapidement et facilement la révolution comme un mouvement spontané, raisonneraient bien mal. Il faut remonter les siècles où elle se prépare et lui chercher mille causes morales, philosophiques, matérielles, d'ordre politique et international. La Révolution, ce n'est pas un événement considérable dans l'histoire de notre pays, mais elle est une page dans l'histoire de l'humanité.

Voilà qui explique aussi la méthode avec laquelle Karl Marx a essayé d'annoncer l'avènement futur du collectivisme. Ce n'est pas une conception pure de l'esprit, mais c'est une conception de la réalité qu'une méthode scientifique permet seule de découvrir. Le collectivisme est en germe dans la société actuelle. Il résultera nécessairement du régime capitaliste.

* *

M. Boncour écrit :

« Les députés, plus nombreux qu'on ne le suppose, qui résistent à la tentation et s'abstiendraient bien volontiers de s'immiscer dans l'Administration, sont sommés de le faire par les exigences des électeurs influents qui, sachant que le député peut tout, n'admettent pas qu'il n'use de ses prérogatives en faveur de ses amis.

» Et l'arbitraire administratif lui-même, dominé par l'ingérence politique, continue de développer chaque jour ses effets néfastes, arrêtant les initiatives, décourageant les bonnes volontés, maintenant sous un autoritarisme de surface une anarchie médiocre.

» Or, contre cela, le fonctionnaire isolé ne peut rien. Ici comme ailleurs, l'heure de l'égoïsme est passée et les calculs de l'individualisme sont déjoués. Tel qui se croit très roublard, parce qu'il a obtenu de l'homme politique très influent de le faire passer sur le dos d'un camarade, sera primé dès demain par un autre qui sera mieux en cour, parce que plus servile et moins scrupuleux sur les besognes qu'on réclame en échange des faveurs octroyées.

» Les chefs hiérarchiques ne peuvent pas davantage.

» Dans le dernier Congrès des Amicales d'instituteurs, à Lille, un haut fonctionnaire, M. Gas-
quet, directeur de l'Enseignement primaire, en fit
lui-même l'aveu avec un beau courage. « Quelle que
» soit la conscience professionnelle de la plupart
» de nos inspecteurs d'académie, disait-il, quel que
» soit leur courage, il y a cependant une limite
» où la possibilité, la faculté de résistance admi-
» nistrative est obligée de fléchir. »

» Eh bien, les instituteurs, interprètes, ici, de
tant d'autres catégories de fonctionnaires qui se
trouvent dans le même cas et souffrent des mêmes
maux, ont pris à leur compte ces paroles douloureuses et justifient par elles la revendication du
droit syndical.

« Les instituteurs, dit le manifeste publié par
» la *Revue de l'Enseignement primaire,* sont dé-
» cidés à substituer à l'autorité administrative qui
» avoue son impuissance devant les ingérences po-
» litiques et aux influences politiques auxquelles
» ils ont été obligés jusqu'ici d'avoir recours pour
» corriger les injustices administratives, la forme
» syndicale. »

» Et M. Glay ajoute, dans sa réponse au *Temps :*
« Quelle confiance pouvons-nous avoir dans une
» administration qui avoue très sincèrement qu'elle
» ne peut administrer. D'autre part, le favoritisme
» et l'arbitraire jouent dans notre corporation un
» rôle par trop anormal. Comment des maîtres de
» valeur ne sont-ils pas découragés devant des no-

» minations scandaleuses, en présence d'un avan-
» cement rapide, immérité.

- » Nous pensons que l'organisation syndicale
» amènerait de l'ordre dans cette anarchie ad-
» ministrative. »

Quel est donc cette organisation syndicale ?

Il est certain qu'ici une précision est nécessaire, et que ce n'est pas celle qui résulterait
d'une formation établie suivant les principes et
les règles de la loi de 1884.

Nous l'avons dit, le droit de défense professionnelle résulte de la loi de 1901. En réclamant l'application de la loi de 1884, les fonctionnaires veulent garantir surtout les associations constituées
et celles qui voudraient se constituer quoiqu'ils
revendiquent, eux aussi, les autres avantages, mais
secondaires des syndicats.

Il est certain, d'autre part, que les Associations
de fonctionnaires possédant la sécurité des syndicats pourront se livrer plus franchement, plus
audacieusement, à une lutte contre l'arbitraire,
contre le favoritisme. Il ne faudrait pas, cependant, exagérer cette dernière idée, et il faut reconnaître que les associations qui se sont constituées, dans la mesure où elles ont vécu sous ce prétendu régime de tolérance, ont obtenu de fort bons
résultats. La forme complètement syndicale leur
donnerait seulement plus de franchise, c'est-à-dire
plus d'audace, mais elle ne modifierait pas leur
méthode, leurs modes et moyens d'action.

Si l'on fait abstraction du droit de s'affilier à la Bourse du Travail et du droit de grève, qui n'est pas inhérent au droit syndical, les fonctionnaires n'auraient d'autres ressources dans la lutte que le pouvoir officiellement reconnu de se livrer à une action commune, de se solidariser contre toute injustice et de trouver ainsi dans la solidarité permise et autorisée le moyen le plus efficace d'attaquer l'arbitraire et soulever contre lui l'opinion.

Il faut reconnaître que cette protection, que le fonctionnaire trouverait auprès du syndicat, il pourrait la posséder déjà dès maintenant, si le courage ne lui manquait pas de soutenir avec énergie, contre l'administration, le respect de ses droits. Le bénéfice de la loi de 1884 aura été pour lui un moyen de se dérober à sa propre timidité.

A ce point de vue, l'organisation syndicale serait un progrès, mais ce progrès sera déjà atténué si l'on considère qu'un statut fixant la situation juridique des agents de l'Etat, est à la veille d'être voté, et, dès le jour où il sera établi, le fonctionnaire aura trouvé dans les garanties de la loi, le courage qui lui manquait auparavant et qu'il devait aller chercher au sein de l'Association et surtout d'une formation syndicale. Il redoutait, autrefois, que toute protestation de sa part ne lui suscitât du côté de l'Administration un ressentiment dont il pourrait souffrir plus tard. Cette protestation émise par une collectivité reconnue légalement, l'administration ne saurait frapper la collectivité qui proteste. Mais le statut établi, le fonctionnaire pourrait exiger, seul, devant le Conseil d'Etat, le respect de ses droits et son énergie isolée ne saurait jamais lui être défavorable. Il ne saurait plus la redouter, parce qu'il ne pourrait plus être l'objet d'une mesure quelconque en dehors des conditions fixées par la loi, par la loi même, qui lui permet d'en appeler au Conseil d'Etat. C'est pourquoi, si l'on fait abstraction du droit de grève, les adversaires de l'extension de la loi de 1884 aux employés de l'Etat, ont toujours pensé que c'était presque une question superflue devant la promesse d'un statut légal qui fixerait à tous leur situation juridique.

Si un acte d'injustice était commis, le fonctionnaire pourrait isolément rechercher la sanction par la voie judiciaire. Le syndicat ne saurait faire davantage. Il est vrai qu'il pourrait mettre plus facilement l'opinion en mouvement avec plus de ressources, et, par conséquent, avec plus de chances de succès. Mais à quoi bon ce secours, si les tribunaux se montrent suffisants et donnent satisfaction à l'action isolée des agents de l'Etat. Et si les tribunaux s'acharnaient à juger mal, on ne pourrait rien espérer de l'opinion publique parce qu'en réalité ce serait son inertie et ses défaillances morales qui auraient permis les défaillances de la Justice.

Ceci dit, les fonctionnaires, isolément, ou les syndicats pour eux ne pourront intervenir qu'après coup, c'est-à-dire après la violation d'un droit quelconque par les pouvoirs publics. La règle de droit sera, par conséquent, soumise, assurée par un régime répressif. L'action répressive appartiendra au fonctionnaire ou au syndicat, soit qu'il s'adresse aux tribunaux institués pour protéger le statut, soit qu'il s'adresse à l'opinion publique elle-même. Mais dans la rédaction des tableaux d'avancement, dans les nominations, dans l'exercice du pouvoir disciplinaire, bien que des règles de précaution aient été éditées, l'arbitraire et l'injustice pourront toujours se glisser. L'Etat ne sera pas à l'abri de ces tentations. Il pourra espérer toujours quelques complicités ou des personnes ou des événements. D'autre part, la faute ou l'illégalité commise pourra être inaperçue. Elle pourra bien être connue encore, mais tardivement, et le délai permis pour la poursuivre sera peut-être expiré. Car toute action en Justice, au point de vue civil, a sa prescription. Au point de vue administratif, il ne pourrait en être autrement. Il est impossible, en effet, qu'on ne l'enferme pas dans certains délais. Supposons, en effet, qu'un tableau d'avancement soit tracé arbitrairement. Au bout de quelque temps, l'avancement sera donné à ceux qui étaient désignés les premiers pour l'obtenir. Ce serait vouloir paralyser l'action de l'Etat, ce serait l'entraver en réalité si l'on devait revenir à chaque instant sur le fait acquis. On troublerait l'administration, les services, s'il était possible d'obtenir la nullité des mesures prises. Nous n'insisterons pas sur cette idée. C'est pourquoi l'action, qu'elle soit intentée sous forme de recours par le fonctionnaire seul ou le syndicat, doit être limitée par un certain délai.

Ainsi voilà comment à la suite de différentes circonstances, des injustices pourront encore se produire et contre lesquelles il ne sera plus permis de se révolter.

D'autre part, il n'est pas logique, en admettant l'exercice et le succès de l'action répressive, que la justice résulte précisément de la force mise à sa disposition. C'est comme si on permettait à un tribunal de première instance de juger comme il lui plairait. C'est comme si on se souciait peu des sentences qu'il rendrait en se disant que l'appel est toujours possible, et viendra infirmer le faux jugement qu'il rendrait. On lui demanderait donc seulement de rendre un jugement, quel qu'il soit, afin que l'on puisse faire appel. Ce serait vraiment une institution ridicule que ce Tribunal de première instance, à qui l'on demanderait seulement un jugement afin qu'on puisse le frapper d'appel. Où serait la garantie de deux tribunaux successifs se prononçant sur le même procès ? En réalité, l'appel a été institué comme une suprême garantie, ce qui laisse supposer une première garantie. On n'a pas voulu qu'un jugement devienne définitif sans qu'un autre ne puisse, au besoin, venir le fortifier de son autorité. Particulièrement, l'espoir, l'idée que le législateur, quoique permettant au vaincu du procès de se défendre jusqu'au bout, s'est fait de l'appel, c'est qu'il viendra confirmer le premier jugement et le mettre ainsi au-dessus de toute suspicion. L'institution de l'appel est plutôt destinée à confirmer le premier jugement qu'à l'annuler. Il en est la sanction aussi et ces deux voies se complètent, se conditionnent si l'on veut une saine justice.

Si l'on disait au premier tribunal : prononcez comme il vous plaira, ce serait supprimer la garantie de la justice. Prenons l'exemple des tableaux d'avancement. Il y a des règles pour les rédiger conformément à l'égalité. Mais qui devra les rédiger ? Nous ne pouvons laisser ce soin à un pouvoir arbitraire, même si nous étions sûrs de pouvoir postérieurement en détruire la volonté coupable, parce que la justice sera en souffrance jusqu'à ce que la sanction soit intervenue. Permettre cet intervalle, permettre cette souffrance, ce n'est pas établir un régime absolu, complet de justice. D'autre part, on oublie la nature de l'action répressive. Ce serait lui donner une importance qu'elle n'a pas et lui enlever celle qu'elle a. L'action répressive intervient après coup. Mais elle doit être exceptionnelle. Si l'on compte uniquement sur elle, on lui donne une importance qu'elle n'a pas et, d'autre part, on lui enlève son caractère de suprême garantie de droit. Elle doit être, au contraire, un dernier moyen d'obtenir le droit.

La justice doit autant que possible être assurée automatiquement, positivement et non pas négativement. L'idéal de la Démocratie est plutôt d'obtenir mécaniquement par le jeu d'institutions bien établies, l'égalité et la liberté, plutôt que de compter sur les moyens de répression.

Ce qu'il faut donc, c'est une organisation préventive, grâce à laquelle nous ayons la certitude que, dès le début, les règles de la fonction seront respectées.

L'intérêt des employés de l'Etat et l'intérêt général seront-ils satisfaits quand une loi sera venue préciser les conditions d'accès à la fonction, les conditions d'avancement, etc.. ? Non.

Il y a une tendance générale dans notre pays: C'est que chacun veut être fonctionnaire ; chacun se porte vers les carrières publiques, comme si c'était là une manne céleste. L'Etat est sollicité de créer toujours de nouveaux emplois et, cédant aux influences politiques, il ne sait pas résister aux sollicitations. Ainsi, pour occuper les quémandeurs, effectivement l'Etat crée de nouveaux emplois. C'est ainsi que le budget se trouve chargé et que les contribuables sont frappés d'impôts de plus en plus lourds. Il en résulte, d'autre part, qu'une spécialisation à outrance n'est plus toujours possible et que les fonctions créées font double emploi avec celles qui existent. Par suite, le traitement de ceux-ci ne peut être augmenté et ils souffriront toujours de l'injustice, parce que leurs services ne seront pas rémunérés comme ils le méritent, à moins que l'on ne fasse tomber toute la charge financière d'une augmentation complète sur le contribuable.

De plus, pour justifier leur création, on forme la compétence de ces nouveaux fonctionnaires par des emprunts faits à celle des autres. Il en résulte que, très souvent, ils exercent les mêmes attributions sous des titres différents. Il en résulte surtout une concurrence entre les divers corps constitués. C'est la rivalité entre eux et la jalousie.

Ainsi, voilà comment cette nouvelle forme d'arbitraire lèsera des intérêts légitimes, entraînera le désordre et devient une véritable cause d'anarchie dans l'Administration.

A cela, il y aura bien une sanction, celle de l'opinion publique révoltée. Mais de nos jours, elle a tellement lieu de se révolter, et effectivement elle le fait si souvent, qu'elle paraît ne plus le faire.

Il faudrait donc, ici également, une organisation préventive qui veillerait à l'organisation et à toutes les règles d'administration de la fonction.

C'est pourquoi, d'une manière générale, le gouvernement ne pourra trancher la question du statut des fonctionnaires, s'il veut la solutionner équitablement sans avoir tranché la question du syndicalisme.

La question du syndicalisme, ce n'est pas seulement la revendication par les fonctionnaires de l'extension de la loi de 1884. Ce serait une bien faible conquête.

Mais c'est donner au syndicat une place importante, en faire un rouage nouveau dans la vaste machine administrative. Et, comme le dit très bien M. Boncour : « Le but essentiel des syndicats n'est pas une lutte systématique contre l'administration et les pouvoirs publics ; mais ils veulent que chaque corporation ait ses délégués auprès de l'administration correspondante et du ministre, afin d'établir d'accord les tableaux d'avancement et d'une façon générale régler toutes les questions intéressant les membres de la corporation. L'avancement des fonctionnaires, leur déplacement, leur traitement, seront débattus entre leurs délégués et leurs chefs hiérarchiques comme le salaire d'un ouvrier est débattu entre son syndicat et son patron. » (1)

L'Etat semble avoir reconnu lui-même la légitimité d'une pareille organisation. Il a compris qu'il ne suffisait pas d'assurer les moyens de répression, mais qu'une organisation préventive devait être établie, laquelle devait appartenir aux fonctionnaires eux-mêmes.

En effet, ne voyons-nous pas dans l'Enseignement, dans la Magistrature et dans d'autres administrations, des Conseils de discipline composés de fonctionnaires ? Est-ce que pour la rédaction actuelle des tableaux d'avancement, une foule de dé-

____

(1) *Loc. cit.*

crets n'ont pas organisé des commissions composées de fonctionnaires ?

L'Etat reconnaît par là que, s'il veut assurer
l'équité, il faut qu'il emploie la collaboration de
ses agents.

Mais il nous paraît que le projet de M. Boncour contient quelque timidité. En effet, il écrit :
« Chaque corporation veut avoir ses délégués
auprès de l'administration correspondante et du
Ministre, afin d'établir d'accord les tableaux d'avancement, et d'une façon générale régler toutes
les questions intéressant les membres de la corporation, etc. » (1)

Sans exception toutes les questions intéressant
la corporation seront tranchées à la suite d'une
libre discussion entre le syndicat et les pouvoirs
publics.

Mais M. Boncour est bien mal fondé alors à parler d'autonomie du syndicat.

Quant à nous, nous disons, allant plus loin, qu'il
faut changer, renverser l'ordre des situations. Aujourd'hui, l'Etat organise et règle tout ce qui concerne la fonction. Les associations de fonctionnaires syndiqués suivant la loi de 1884 n'auraient
qu'un pouvoir de surveillance et de contrôle. Si
l'on veut établir un régime complet de justice, la
question est de donner au syndicat un rôle actif

____

(1) *Loc. cit.*

et décisif. C'est bien ce que fait M. Boncour, mais il le limite, croyons-nous, à un pouvoir de discussion avec les pouvoirs publics. Quant à nous, nous ne laissons seulement qu'à l'Etat un pouvoir de surveillance et de contrôle, sauf quelques restrictions. Cela sera plus conforme à la mission du Gouvernement, des pouvoirs publics par laquelle ils sont destinés, non pas à créer le droit existant, mais plutôt à le protéger.

Ainsi, chaque administration sera autonome et règlera sa vie intérieure. Elle établira le traitement ; elle rédigera les tableaux d'avancement en dehors de toute discussion avec le gouvernement ; elle prendra les décisions de nomination ou exercera le pouvoir disciplinaire ; elle prendra aussi l'initiative des réformes intérieures, parce qu'elle sera plus apte que l'Etat, comme le disait M. Berthod, à en apercevoir l'utilité, la nécessité (1). Elle ne cédera plus aux suggestions politiques et, par conséquent, elle ne sera plus entraînée dans cet engrenage fatal qui poussait l'Etat à créer ridiculement des emplois. L'Etat, les pouvoirs publics, interviendront. Ils seront l'élément pondérateur et régulateur. Ils réduiront les exigences des syndicats, celles-là seules contre lesquelles ils pourront intervenir.

En effet, parmi les décisions des syndicats, il y

______

(1) *Loc. cit.*

en aura de deux catégories. Les unes devront avoir l'approbation de l'Etat ; les autres seront définitives. La volonté du syndicat se manifestera sous deux formes : des propositions à l'Etat, qu'il pourra repousser, mais dont l'initiative appartiendra au syndicat, peut-être même exclusivement. Tandis que ces propositions seront celles ayant trait aux modifications à apporter dans le mécanisme administratif, en second lieu, il y aura les décisions définitives relatives aux nominations, au tableau d'avancement, etc. L'Etat, ici, pourra-t-il ne jamais pouvoir intervenir, le syndicat s'étant efforcé par leur constitution intérieure de prévenir toute illégalité ?

Ainsi se sont écriés quelques partisans du syndicalisme : Voilà comment la décentralisation amènera la justice. M. Paul Boncour écrit à ce sujet : « Bien autrement importante et féconde est la décentralisation professionnelle, qui permet aux gens d'un même métier, de s'associer pour les intérêts de leur profession. La solidarité que crée la profession n'est-elle pas infiniment plus étroite que la solidarité créée par le voisinage ? »

Quant à nous, syndicalistes aussi, nous ne voyons pas dans notre question, un problème de décentralisation. Ainsi que l'a fort bien dit M. Berthélemy (1) dans une brochure sur la crise du fonc-

____

(1) *La crise du fonctionnarisme.* — Berthélemy dans la *Revue* : Questions pratiques de législation ouvrière et d'économie sociale, 1906.

tionnarisme, M. Boncour et M. Berthod dénaturent le sens de l'expression : décentraliser.

La décentralisation, écrit-il, consiste, en effet, à permettre aux collectivités régionales ou communales, de chercher par elles-mêmes la satisfaction de leurs propres besoins, de s'administrer par des hommes de leur choix. Je veux détruire tout de suite l'illusion, la confusion, disons l'erreur que l'abus des mots et la ressemblance apparente des idées peuvent entraîner ici. L'objectif essentiel et exclusif des administrations régionales et communales doit être la satisfaction des besoins de tous, dans la région ou dans la commune. C'est parce que les gens de la région ou de la commune savent mieux que n'importe qui ce qui peut leur convenir, qu'on doit leur laisser le choix de leurs administrateurs. MM. Boncour et Berthod diront-ils que l'objectif essentiel et exclusif des grands services publics doit être la satisfaction des intérêts professionnels de leurs membres ? ce serait une singulière aberration. L'administration doit-elle donc être constituée pour le profit des administrateurs ou pour l'avantage des administrés ? »

Telle est la raison pour laquelle M. Berthélemy affirme que MM. Boncour et Berthod croient décentraliser alors qu'ils ne décentralisent pas.

Nous, syndicalistes, pour une autre raison, nous déclarons que ce n'est pas de la véritable décentralisation. La décentralisation régionale et communale, c'est une dépossession de l'Etat, qui perd les attributions qu'il avait pour l'administration des régions ou des communes. Cette décentralisation peut être partielle et l'autonomie qu'elle donnera aux communes peut rester sous la sauvegarde de l'Etat. Mais elle peut être complète et alors la province, la commune, ont aussi une autonomie complète, absolue, désormais affranchie de toute dépendance. La décentralisation a amené alors, a formé à la place de l'Etat primitif une multitude d'autres petits Etats indépendants, et l'Etat ancien persistera seulement dans un lien fédératif qui les unira en vue des intérêts communs. Décentraliser, c'est donc tendre à l'affaiblissement de l'Etat.

Au contraire, quand nous cherchons à organiser la fonction au moyen de syndicats puissants et autonomes, nous ne faisons plus de la décentralisation comme nous l'avons définie. Nous ne nous proposons pas, en effet, de ruiner l'existence de l'Etat. Qu'est-ce que l'Etat ? C'est une force qui s'impose à tout le territoire et qui est souveraine. En effet, en premier lieu, chaque administration, dans le régime syndicaliste, s'imposera à tout le pays, en ce sens qu'elle le gouvernera également et uniformément. La décentralisation amène un déplacement de l'autorité qui, du pouvoir central, va exclusivement aux pouvoirs locaux, qui se gouverneront différemment.

Ici le pouvoir central persiste, il devient simple-

ment le syndicat. L'Etat ne fera donc qu'avec l'organisation syndicaliste que modifier ses formes actuelles, transformer ses moyens d'action.

L'organisation syndicale, c'est un aspect nouveau sous lequel nous apparaîtra l'Etat. Tout ce
qui intéressait autrefois la fonction était assuré
respectivement par les différents ministres et prin-
cipalement par les bureaux. Le passage rapide
des ministres dans un ministère et leurs aptitudes
très étendues, les obligeaient à se reposer uniquement sur le personnel des bureaux. Ici, nous nous
trouvions en présence de bureaucrates qui trou-
vaient Paris joyeux, voyaient la Province bien
loin et qui se souciaient peu que les affaires y marchent bien ou y marchent mal. Ils se laissaient
conduire doucement par la routine du métier, et
ainsi, ils touchaient leurs faciles émoluments.

L'organisation syndicaliste substituera à ce désordre, à ce chaos, à cette inertie coupable et traditionnelle, une institution de progrès, qui ne faillira
pas à sa tâche, parce que son intérêt, son honneur seront la garantie de l'accomplissement, de
l'exécution des réformes dans l'administration.
Celles qui se produisaient autrefois venaient d'initiatives isolées; un parlementaire, çà et là, les proposait à la Chambre. Maintenant ce ne sera plus
un travail accidentel, produit au hasard des événements, mais le syndicat sera une solide institution en vue de les rechercher et de les accomplir.
Les syndicats se fédéreront entre eux et ainsi,

leurs relations permanentes éclaireront leurs travaux. Ils s'inspireront mutuellement et se feront des emprunts réciproques. Il se développera des tendances communes, par exemple, vers l'égalisation des traitements, et, en général, vers l'uniformité ét l'égalité des conditions du travail.

Si le législateur ne consacrait que les résultats de la loi de 1884, il ne permettrait, aux employés de l'Etat, que de se solidariser pour la défense de leurs intérêts. Leur solidarité serait ainsi limitée parce qu'elle se réduirait uniquement à une action défensive.

Dès le jour, au contraire, où les employés de l'Etat pourront librement organiser la fonction et régler leurs intérêts, leurs sentiments de camaraderie, de fraternité, grandiront parce qu'ils se constitueront débiteurs les uns vis-à-vis des autres, parce qu'ils seront responsables tous vis-à-vis tous. Le sentiment de leur propre responsabilité exaltera le sentiment de solidarité, et, se moralisant mutuellement entre eux, ils se moraliseront ainsi vis-à-vis tous ceux qui sont en dehors de la corporation. Ils arriveront à représenter une élite morale qui respectera, non seulement ses beaux préceptes, en face elle-même, mais en face tout le monde. Elle mettra son orgueil, sa gloire, à ne pas y faillir et à prouver, une fois de plus, que c'est par la liberté que le progrès triomphe avec la vertu. La répression disciplinaire dans l'intérieur du syndicat, sera exercée par lui-même, mais avec justice. On ne lui reprochera ni indulgence, ni sévérité exagérée. Elle ne servira plus les rancunes ou des règles de discipline étroites et absurdes.

Sous le régime syndicaliste, le fonctionnaire, dès le moment où il sera investi d'une charge, saura quel devoir il aura à remplir. C'est un engagement qu'il prend au nom de la solidarité professionnelle, au nom de la discipline librement consentie. C'est un principe connu que l'homme supporte difficilement la contrainte et que le travail qui lui est imposé, lui est insupportable. Dès le jour, au contraire, où il peut choisir ses chefs et dicter lui-même les peines qu'il aura méritées pour ses propres fautes, dès le jour où il aura fixé librement sa propre discipline, il est capable des plus grands efforts et des plus grands sacrifices.

Que les chefs de la hiérarchie syndicale aient été nommés à la suite d'élections, ou que leur nomination ait été déterminée suivant certaines règles préalables, donnant une part à l'ancienneté et au choix, et établies par le syndicat lui-même, ils auront toujours, dans l'une ou l'autre circonstance, les chefs qu'ils auront voulus, les chefs qu'ils auront choisis; et alors on pourra dire, comme l'Union des Contributions indirectes :

« Le jour n'est pas loin où le chef ne sera plus celui qui commande le règlement et la férule à la main, et le subordonné, celui qui exécute un or-

dre écrit, mais où le chef sera le collègue le plus
âgé, le plus expérimenté, le plus instruit qui con-
seille et qui dirige, et le subordonné, le camarade
affectueux et respectueux qui obéit parce que c'est
juste et parce que c'est bien. »

Dans ce régime, chacun accomplira son devoir
pour le devoir ! De même qu'un artiste se livre à
son art pour le plaisir de l'art. Il y aura, sans
doute, des peines disciplinaires prévues ; mais le
fonctionnaire sera plutôt tenu par le désir de faire
son devoir que par la crainte de s'exposer à une
peine. Il redoutera plutôt le blâme de sa conscience que la peine méritée. Il se formera, il se développera au sein du syndicat des traditions d'honneur auxquelles aucun membre ne voudrait déro-
ger : progrès, idéal, seulement compatible avec
un régime de liberté.

La force n'a jamais fait ou inspiré le droit, parce
que la vertu doit être exposée à ses propres tentations, à ses propres faiblesses et que c'est précisément dans l'épreuve qu'elle se fortifie. La force n'a jamais fait, non plus, la sécurité du tyran.
La vertu et le droit, ce sont des fruits de la liberté. C'est sous son régime qu'ils s'épanouissent.

Regardons l'institution des Conseils de l'Ordre
dans chaque barreau. Ce sont moins des Conseils
de discipline que des Conseils où chacun est lié par
la parole d'honneur, pour ainsi dire, par le ser-
ment qu'il a fait de ne jamais y manquer et de se
montrer toujours digne d'une profession, qui, au

cours des siècles, abrita les plus hautes vertus, le courage civique, l'indépendance et l'honneur.

Comment peut-on justifier que tous les régimes politiques fondés sur la souveraineté nationale, soient supérieurs à tous les autres ? Est-ce parce qu'ils reposeraient sur la volonté du plus grand nombre qu'ils seraient plus justes ? Non, mais parce que c'est le règne de la liberté, parce que c'est le gouvernement de tous par tous. La nation, elle-même, vote ses propres lois et elle les aime comme son œuvre ; elles sont l'expression de sa moralité, de ses enthousiasmes, de ses désirs. La nation elle-même nomme son gouvernement et ses représentants ; elles les aime et leur obéit parce qu'ils exécuteront ses vœux et parce qu'elle les a librement choisis.

Ainsi nous aurons établi, comme le dit fort bien M. Berthod, le parlementarisme, la pleine et libre République dans l'administration comme dans l'usine. Ainsi, nous assurerons la véritable démocratie (1).

Comme le constatait M. Seignobos, nous avons une constitution républicaine et une administration monarchique et cette double situation est contradictoire.

C'est le peuple qui choisit ses représentants et c'est en son nom qu'ils font les lois et qu'ils gouvernent. Le gouvernement des personnes de-

____

(1) *Loc. cit.*

vrait être assuré par les personnes. Dans un pays comme le nôtre, la consultation du peuple à tout moment est impossible et il doit avoir des représentants. Si l'idéal démocratique n'est pas complètement satisfait parce qu'il y a une représentation populaire et que cette représentation n'est jamais satisfaisante, nous avons cependant reculé les limites qui nous en éloignaient, par des consultations aussi fréquentes que possible, du suffrage universel.

M. Berthélemy est donc injuste quand il déclare que M. Seignobos fait un paradoxe et que si notre administration est monarchique, notre constitution ne l'est pas moins. « Car en France, écrit-il, comme en Italie et en Belgique, l'influence appartient à une oligarchie : la majorité des membres du parlement. Cette majorité impose sa volonté souveraine ; elle l'impose à tous et partout, et presque en tout ; elle représente la volonté nationale, dites-vous ? Mais c'est là une pure fiction pareille à celle qu'énonçait, jadis, Louis XIV, en assimilant à sa volonté souveraine, la volonté de l'Etat. » (1)

Cette critique ne tient pas compte des impossibilités. Elle oublie que nous avons reculé autant que possible, la limite qui nous séparait du véritable idéal du gouvernement du peuple par le peuple.

____

(1) Crise du fonctionnarisme dans la *Revue* : Questions pratiques de législation ouvrière et d'économie sociale.

Qu'on n'invoque pas le despotisme d'une majorité parlementaire. Si le peuple gouvernait lui-même, il serait obligé de céder à la majorité. Au delà, une justice supérieure n'est plus possible. La majorité de notre parlement, c'est la majorité du peuple.

Il est faux, d'autre part, de dire qu'elle impose sa volonté en tout et presque partout et pour tout. Suivant les votes, en effet, suivant les circonstances, cette majorité se réduit ou elle augmente, essentiellement mouvante et variable, elle se déplace à tout instant. Toutes les fois qu'il s'agit d'intérêts généraux, cette majorité devient le parlement entier. Si elle devient despotique, c'est quand elle discute sur le terrain politique et il faut croire que son despotisme sur ce terrain fut un bienfait, puisqu'il a établi et perfectionné le régime démocratique.

A tous les autres points de vue, elle n'a, en face d'elle, qu'une minorité infime : « Montesquieu (1) avait raison quand il constatait que toutes les divisions intestines entretiennent l'ardeur de la nation et savent s'effacer devant l'occasion du danger extérieur. »

La division des partis, si ce n'était l'opposition systématique et criminelle de quelques-uns, s'efface aussi devant les intérêts supérieurs du pays. De quel droit, d'ailleurs, sacrifierait-on et

---

(1) *Grandeur et décadence des Romains.*

critiquerait-on les décisions d'une majorité ? Sans faire l'apologie de la force, l'injustice n'a jamais été qu'une exception au milieu de notre moralité moyenne ; avec ce qui est contre le bon sens, elle ne saurait jamais habiter de préférence, et selon toute vraisemblance, que les minorités.

Nous avons donc une constitution républicaine et une administration monarchique. L'idéal, avons-nous dit, c'est le gouvernement des personnes par elles-mêmes. Le peuple se gouverne lui-même. Que les fonctionnaires dont les intérêts sont si précieux et si nombreux, se gouvernent à leur tour, en toute liberté. Qu'on établisse, dès maintenant, les bases de ce gouvernement. Nous n'avons pas à nous occuper de l'organisation intérieure du syndicat. Ce sera l'affaire des syndiqués eux-mêmes, le jour où le syndicat aura ce rôle décisif. Dès qu'ils seront avertis d'un progrès si considérable, ils y songeront aussitôt.

Quand il s'agira exclusivement de leurs propres intérêts, ils seront souverains. Quand il s'agira de l'intérêt général, là où ils auront conservé leur droit de contrôle et de surveillance, les pouvoirs publics seront la conciliation des intérêts particuliers et de l'intérêt général.

Ceux dont l'esprit n'est pas encore habitué à cette conception, éprouvent de la difficulté à se ranger à nos côtés. Ils aperçoivent dans ce régime nouveau, que nous défendons, des dangers illusoires, et ils sont comme un homme qui dans l'obscurité serait envahi par une crainte subite, parce qu'il s'imaginerait menacé et entouré de voleurs et de sbires. Ils ne savent pas envisager avec sang-froid et réflexion les situations nouvelles.

Nous l'avons dit, nous ne conjurons pas contre l'ordre actuel, contre la puissance de l'Etat. Nous voulons seulement organiser un régime de Justice. Nous voulons organiser un régime qui est dans le développement naturel des faits, que l'évolution fera triompher tôt ou tard. L'Etat lui-même en a pour ainsi dire fait l'ébauche, en créant ces grands Conseils dans l'Enseignement, dans la magistrature, en appelant des fonctionnaires parmi les commissions chargées de la rédaction des tableaux d'avancement. Nous lui demandons de ne pas s'arrêter là. Nous le lui demandons, parce que ce serait des mesures informes ; parce qu'il voudrait se donner l'illusion qu'il lutte au nom de l'équité et qu'il réprime l'arbitraire, le favoritisme et toutes les honteuses pratiques qui soulèvent depuis tant de temps l'opinion publique.

Nos adversaires ne peuvent pas dissocier les mots syndicat et grève. L'effort intellectuel ne serait pas, cependant, considérable. Le droit de grève, en effet, et le droit au syndicat sont deux choses.

Si on ne nous accordait que le bénéfice de la loi de 1884, nous n'aurions, par conséquent, que le droit de conserver une situation de défensive vis-à-vis de l'Etat. Serions-nous appelés à employer la grève ? L'esprit pacifique de nos corporations y est entièrement contraire. Mais l'exercice du droit de grève pourrait, en certaines circonstances, être légitime.

Mais le jour où nos syndicats seront eux-mêmes responsables du fonctionnement de l'Administration, le jour où ils décideront souverainement, où ils seront les arbitres de toutes les questions d'ordre professionnel, il n'y aura plus à redouter ce spectre ridiculement invoqué : la grève. Car comment pourrait-on supposer que les fonctionnaires s'insurgent eux-mêmes, se révoltent contre leurs propres volontés, contre leurs propres décisions.

C'est une réforme essentielle au nom de l'équité. C'est au nom de la liberté que nous l'invoquons, s'écrient donc ses partisans. Elle seule peut nous promettre un fonctionnement sincère et harmonieux de toute notre administration.

CHAPITRE IV

NOTRE THÉORIE

La thèse syndicaliste dans son exposé comprend deux parties :

1° La défense de la loi de 1884.

2° La défense de l'idéal syndicaliste.

Ce sont, dit-elle, deux étapes successives dans l'évolution. Si nous voulons établir un régime absolu de droit, anticipons dès maintenant sur l'évolution elle-même et consacrons les bases de cette organisation syndicale idéale que l'avenir nous promet.

Nous suivrons la thèse syndicaliste dans son exposé. Nous devrons donc, à notre tour, établir notre opinion pour chaque question, suivant qu'elle concerne la simple extension de la loi de 1884, ou suivant que la thèse syndicaliste glorifie le syndicalisme intégral.

La loi de 1884 permet de se syndiquer en vue de la défense professionnelle. De la loi de 1901 on pourrait conclure le même droit pour les fonctionnaires, mais il manquerait de garanties vis-à-vis l'arbitraire des pouvoirs publics. Les fonctionnaires revendiquent donc avec raison le droit de se syndiquer suivant la loi de 1884 qui leur donnera surtout, avec la sécurité de leurs organisations professionnelles, les autres avantages qu'elle contient.

Ce résultat eût pu facilement être acquis par une interprétation large de la jurisprudence. Elle ne l'a pas fait. La jurisprudence n'a pas montré en cette matière l'indépendance dont elle a fait preuve dans d'autres discussions.

Si nous nous plaçons au point de vue législatif et si nous nous demandons à notre tour : Faut-il étendre aux fonctionnaires le droit de se syndiquer dans les conditions de la loi de 1884, nous acceptons entièrement tous les arguments qui ont été fournis en faveur de cette solution.

Cette extension légale serait juste.

Elle le serait, parce qu'elle est conforme aux faits.

Elle le serait, parce que certaines concessions ont été faites par la jurisprudence, que les pouvoirs publics eux-mêmes ont voulu se montrer tolérants.

Repousser cette solution, ce serait nier le progrès acquis. Le motif même de l'interdiction ne pourrait pas laisser tolérer que les fonctionnaires, en vertu de la loi de 1901, puissent s'associer pour un but quelconque, et il faudrait y faire une brèche.

On a montré aussi comment l'obtention du droit

syndical ne serait pas une concession à l'esprit révolutionnaire. Comment, au contraire, il ne voulait pas et ne pouvait pas se dresser menaçant contre l'ordre établi et comment il n'avait qu'un but : donner plus d'influence, plus de valeur aux revendications isolées et timides des fonctionnaires. D'abord, il aura l'avantage de pouvoir les généraliser, en donner la formule et les préciser ; en second lieu, l'influence isolée du fonctionnaire sera accrue par l'autorité morale du syndicat, par ce bloc de solidarités.

On aperçoit ainsi la différence des situations. Le syndicat ne donne en réalité aucune force nouvelle aux agents de l'Etat. En effet, le droit de grève en est entièrement indépendant.

Le succès de leurs revendications résultera toujours de l'accueil que l'Etat voudra leur faire. L'Etat reste toujours libre de manifester sa volonté. Mais auprès de lui, le syndicat aura plus d'influence, plus d'autorité. Il représentera un groupe d'intérêts auquel il osera plus difficilement résister.

Sans doute, l'avenir modifiera l'institution. L'Etat, revenu de ses premières défiances, cherchera à trouver dans le syndicat un collaborateur, de telle sorte que, après avoir eu un rôle passif de protestataire, le syndicat finira par remplir un rôle actif, c'est-à-dire qu'il organisera lui-même la fonction, acheminement insensible vers le syndicalisme intégral.

Jusque-là, le syndicat n'a qu'un rôle tout à fait secondaire. L'Etat, en l'autorisant, est libre de le connaître ou de le méconnaître dans ses rapports.

La question est de savoir cependant si, bien que ne trouvant pas ce droit en lui-même, le syndicat ne peut avoir à sa disposition une force qui le protège et laquelle ? Devra-t-il toujours compter sur la bienveillance des pouvoirs publics pour réussir dans ses revendications ? Ou, du moins, tous les agents de l'Etat, à ce point de vue, n'auront-ils pas des droits inégaux ? En d'autres termes, en ce qui concerne le droit de grève, ne faut-il pas faire une distinction ? Faut-il l'interdire à tous les agents de l'Etat, ou bien ne les reconnaître qu'à quelques-uns ?

Nous devons étudier la question au point de vue du droit actuel et au point de vue législatif.

Si nous consultons les textes du Code pénal, nous voyons les articles 123 et suivants relatifs au droit de coalition des fonctionnaires. Ces textes viennent-ils interdire aux fonctionnaires le pouvoir de faire grève ? Il y a sur ce point une discussion très intéressante entre MM. Berthélemy, Larnaude, Garçon, dans une séance de la Société Générale des Prisons. M. Honnorat soutient la valeur actuelle de ces textes contre le pouvoir de faire grève. M. Garçon la combat.

M. Honnorat. — ....

Je ne vois pas d'inconvénients à ce qu'ils puissent se réunir en société pour défendre leurs intérêts, — je ne dirais pas corporatifs, pour ne pas paraître défendre les syndicats, — mais leurs intérêts tout simplement. A-t-on à craindre qu'ils se mettent en grève ? On oublie les articles 123 à 126 du Code pénal. Je ne parlerai pas de l'article 126 qui leur interdit de donner leur démission de concert ; de nos jours, les fonctionnaires donnent peu leur démission ; on pourrait plutôt se plaindre du trop de goût de la population pour les places du gouvernement. Je ne redoute donc point, et personne avec moi, je crois, ne redoute la démission en masse des fonctionnaires, ils ne la donnent jamais. Je ne m'arrête donc pas à l'article 126.

M. Larnaude. — Cela s'est vu en 1880.

M. Honnorat. — Mais les articles 123 et 124 sont largement suffisants pour les mettre à la raison.

M. Garçon. — Je ne trouve pas.

M. Honnorat. — L'article 123 dit ceci :

« Article 123. — Tout concert de mesures contraires aux lois, pratiqué soit par la réunion d'individus ou de corps dépositaires de quelque partie de l'autorité publique, soit par députation ou correspondance entre eux, sera puni..., etc. »

« Article 124. — Si par l'un des moyens exprimés ci-dessus, il a été concerté des mesures contre l'exécution des lois ou contre les ordres du gouvernement. »

Je trouve que la réunion de ces deux articles arme suffisamment le gouvernement pour lutter contre le commencement de grève des fonctionnaires.

Oh ! je sais bien qu'en droit étroit, ma théorie est discutable, mais, avant de demander des lois nouvelles, il faut, à mon avis, demander à celles qui existent le moyen de maintenir l'ordre dans le public si nombreux des fonctionnaires.

---

(1) Séance de la Société générale des Prisons du 16 mai 1906. *Revue pénitentiaire. — Bulletin de la Société générale des Prisons.*

— 128 —

Ici, doit intervenir la définition du mot « fonctionnaire ».

Il a été quelquefois dit, qu'étaient fonctionnaires les citoyens nommés par décret ; que les autres étaient des employés ou des agents. En ce qui me concerne, j'étends infiniment plus le mot « fonctionnaire ».

Je considère que tout individu, employé, dans le terme générique, par l'Etat, le département ou la commune, investi d'une attribution quelconque pour le service de la société, doit être considéré comme fonctionnaire.

M. Berthélemy. — C'est ma définition.

M. Honnorat. — Et je dis à ces fonctionnaires, quels qu'ils soient, d'autorité ou de gestion — gros ou petits — importants directeurs ou simples ouvriers : Réunissez-vous en vertu de la loi de 1901 ou de la loi de 1884, peu m'importe, mais vous êtes limités non seulement par vos devoirs vis-à-vis de l'Etat, des départements ou des communes, qui vous emploient et vous paient, mais encore par les articles 123 et 124 du Code pénal, qui vous défendent de vous coaliser pour braver les lois ou les ordres du gouvernement.

D'ailleurs, pour maintenir l'ordre et la discipline dans le monde des fonctionnaires, y compris la population ouvrière employée dans les usines et les arsenaux de l'Etat, pas n'est besoin d'avoir recours à la loi ; une direction juste, énergique et continue suffira toujours pour assurer la marche régulière des services publics.

Je n'ai pas de proposition à formuler en ce qui me concerne ; je tenais simplement à présenter ces quelques observations et à dire qu'en fait de lois à faire, j'estime que le mieux serait d'appliquer les lois existantes.

M. Garçon. — ....
Ceci dit, sur d'autres points, je n'hésite pas à me ranger à l'avis de mon ami Berthélemy ; pour cette fois, nous serons d'accord ; je crois qu'il faut empêcher formellement les syndicats et les associations de fonctionnaires, qu'il faut leur interdire de faire grève, que ces associations et ces grèves sont destructives de toute discipline sociale et sont extrêmement dangereuses pour l'Etat ; mais la question est de savoir

si ces grèves sont défendues actuellement par le droit pénal et, après y avoir réfléchi, je déclare que je ne le crois pas.

Les seules dispositions pénales auxquelles on pourrait songer pour réprimer ces grèves sont les articles 123 et suivants, placés au Code pénal, sous la rubrique « Coalition des fonctionnaires » ; mais il suffit de les lire pour voir qu'ils ont été écrits par référence à l'ancien droit, pour réprimer de vieux abus antérieurs à la Révolution, et qu'ils ne peuvent vraiment et de bonne foi s'appliquer à une situation toute nouvelle.

Il y avait, dans notre ancien droit, une grève courante, qui a rempli tout le XVIIIᵉ siècle et qui était la grève des parlements. Elle avait trouvé sa forme définitive : les magistrats donnaient collectivement leur démission et interrompaient le cours de la justice ; les parlements s'envoyaient entre eux des députations et se concertaient pour faire échec à l'autorité royale. C'est le cas que l'article 126 a prévu expressément, en les punissant de la dégradation civique, « les fonctionnaires publics qui auront, par délibération, arrêté de donner des démissions dont l'objet ou l'effet serait d'empêcher ou de suspendre, soit l'administration de la justice, soit l'accomplissement d'un service quelconque ». — Mais, comme le remarquait tout à l'heure avec raison M. Honnorat, tout a changé. Aujourd'hui, les fonctionnaires qui voudraient faire grève ne donneraient plus leur démission : ils cesseraient seulement leurs services et l'article 126 se trouverait ainsi certainement inapplicable. Restent les articles 123 et 124 qui punissent le concert de mesures contraires aux lois pratiqué, soit par la réunion d'individus ou de corps dépositaires de quelque partie de l'autorité publique, soit par députation ou correspondance entre eux. La peine est aggravée si, par un de ces usages, il a été concerté des mesures, non plus contraires aux lois, mais contre l'exécution des lois ou contre les ordres du gouvernement ; elle est plus sévère encore si le concert a eu lieu entre les autorités civiles et les corps militaires ; mais ces articles s'expliquent encore par l'histoire. Ils ont été faits pour réprimer les résistances des autorités du Directoire et des municipalités, si fréquentes pendant la Révolution.

M. Larnaude. — Qu'est-ce que cela fait ?

M. Garçon. — Cela fait que ces textes ne sont pas applicables à une situation toute nouvelle et que le législateur du Code pénal n'avait certainement pas prévue. Ce que ces dispositions prévoient et punissent, c'est la résistance des fonctionnaires, par exemple, d'un conseil municipal, qui s'opposerait à l'exécution d'une loi promulguée. C'est ce que les textes expriment en parlant de tout concert de mesures contraires aux lois ; il ne s'agit point du tout ici de fonctionnaires qui cessent d'accomplir le service public dont ils sont chargés. Ma conscience s'oppose à une interprétation extensive d'un texte aussi limitatif.

Je souhaite qu'on fasse des articles nouveaux pour interdire la grève des fonctionnaires, je veux qu'on modernise les articles 123 et 124, mais je ne puis consentir à décider que, pour atteindre ces faits dangereux, on donne aux dispositions que je viens de citer une extension qu'elles ne comportent réellement pas. Qu'on fasse une loi, une loi claire, disant, par exemple : Sera puni de... tout concert ayant pour but d'organiser la cessation d'un service public ou d'un monopole. J'approuverai cette disposition nécessaire pour le bien de l'Etat, mais tant qu'elle n'existera pas, je ne puis que constater la lacune du Code pénal.

M. Frèrejouan du Saint. — Il y a dans le texte, non seulement : contre l'exécution des lois, mais contre les ordres du gouvernement.

M. Garçon. — Par ordre de l'autorité, j'entends les actes administratifs, comme les décrets et arrêtés ; mais, encore une fois, je ne consentirai jamais, parce que je ne crois pas cette interprétation loyale, à tirer d'un texte, pour punir d'un fait que je désire voir réprimer, des conséquences qui n'y sont pas contenues.

M. Larnaude. — ....

J'éprouve de grandes difficultés à admettre le principe d'interprétation si restrictive de M. Garçon : il dit que l'article 126 a prévu les grèves des parlements, mais les parlements n'existent plus.

M. Garçon. — On a eu peur de la même chose.

M. Larnaude. — Il suffit donc que des faits analogues se produisent avec des tribunaux qui ne sont plus des parlements, avec des fonctionnaires qui ne sont plus des municipalités, pour que les textes soient applicables.

Il y a un article du Code pénal, l'article 127, paragraphe premier, qui punit de la dégradation civique les magistrats qui se sont immiscés dans l'exercice du pouvoir législatif : il semble que ceci vise textuellement l'ancien système des remontrances du Parlement ; on en a fait sortir cependant l'impossibilité, pour les tribunaux, en France, de déclarer une loi anticonstitutionnelle. Je ne vois pas pourquoi il faudrait ainsi interpréter un texte de droit pénal avec ce qu'il y avait au fond de la pensée de ceux qui l'ont fait, avec des faits qui ne peuvent plus se renouveler, et ne pas l'appliquer à des faits semblables qui pourraient se produire maintenant et mettre en danger l'administration de la chose publique. Aujourd'hui comme aujourd'hui. C'est pourquoi, sans être un spécialiste du droit pénal, il ne me semble pas possible de dire que ces textes ne seront jamais applicables. Les articles 123 à 126 du Code pénal et la rubrique de la section III qui les renferme, me semblent aussi compréhensifs que possible ; l'article 126 surtout qui parle d'un « service quelconque » empêché ou suspendu. Ne serait-il pas plus qu'étrange que, sous l'empire du Code pénal, les coalitions d'ouvriers fussent sévèrement punies et les coalitions de fonctionnaires permises ?

M. Garçon. — Sans doute, si les faits qui se trouvent prévus par les articles 123 et suivants se réalisaient, le Code pénal serait applicable ; mais, précisément, les conditions constitutives du crime ne se rencontrent pas dans la grève des fonctionnaires, car ils ne donnent pas leur démission ; l'article 126 n'est donc pas applicable ; ils ne concertent pas des mesures contraires aux lois ou contre l'exécution des lois et des ordres du gouvernement ; donc, les articles 123 et 124 ne s'appliquent pas non plus. Tout cela est si vrai qu'en 1880, lors de l'exécution des décrets, on a pensé un moment à appliquer l'article 126 aux magistrats démissionnaires. On y a bien vite renoncé, parce que ces démissions n'avaient pas été concertées par une délibération préalable.

M. Larnaude. — Je suppose que les faits prévus par ces articles se trouvent réunis.

M. Garçon. — Mais précisément, dans une grève de fonctionnaires, telle qu'on la conçoit aujourd'hui, ils ne le seront jamais.

C'est avec raison que M. Larnaude affirme que les textes ne peuvent plus être interprétés avec les travaux préparatoires, car si au point de vue législatif on peut les refaire, cela n'en est pas moins vrai au point de vue jurisprudence. La jurisprudence a, en effet, créé, en dehors des textes, des théories remarquables de droit civil et de droit administratif. On ne voit pas pourquoi, en matière de droit pénal, elle n'aurait plus la même liberté (1).

M. Garçon ajoute cependant que la grève des fonctionnaires ne se présente plus aujourd'hui comme la coalition des fonctionnaires est envisagée. Elle ne se dresserait plus contre l'exécution des lois et l'ordre du gouvernement. La grève, au contraire, serait déclarée d'une manière aggressive pour obtenir de nouvelles améliorations. En réalité, c'est une subtilité. Car, que le fonctionnaire fasse de nouvelles revendications et ait recours à la force pour y parvenir, il s'élève contre l'exécution des lois, contre l'ordre du Gouvernement, qui ne veut pas obtempérer, qui leur résiste.

---

(1) Bien qu'en matière de droit pénal les textes soient d'interprétation stricte, il est cependant possible de donner aux art. 123 et suiv. la portée que nous leur donnons.

La grève est donc interdite par les textes du Code pénal. Mais, ceci établi, la question est de savoir si tous les agents de l'Etat ne peuvent pas faire grève. Le législateur n'a eu aucun guide, aucun criterium, pour faire une distinction rationnelle quelconque. C'est là un point difficile.

La solution que nous nous proposons est la même soit que nous nous placions au point de vue du droit actuel, c'est-à-dire sur la manière d'interpréter les textes, soit que nous nous placions au point de vue législatif.

Au début de notre ouvrage, nous avons distingué entre les fonctionnaires proprement dits et les autres agents de l'Etat.

Les premiers, d'après nous, sont ceux qui assurent une mission essentielle de l'Etat, c'est-à-dire une mission de droit.

Les seconds sont versés dans des entreprises qui appartenaient autrefois aux particuliers, et que l'Etat a monopolisées ou exploitées concurremment avec les particuliers.

Nous disons qu'il faut interdire absolument aux premiers le droit de faire grève. Ce n'est pas que nous ayons à redouter chez eux un esprit révolutionnaire quelconque. Nous sommes assurés d'avance de leur esprit entièrement pacifique. C'est une simple question de principe que nous voulons trancher et il ne nous paraît même pas nécessaire d'insister. Les fonctionnaires proprement dits ne doivent pas pouvoir se mettre en grève, c'est-à-dire qu'il faut une interdiction formelle, que c'est dans ce sens qu'il faut interpréter les textes, ou qu'il faudrait les établir.

En effet, ils ont une mission de droit à accomplir. Elle ne saurait souffrir aucun arrêt. Elle est permanente. L'œuvre de la justice ne saurait se heurter à aucune résistance. Supposons que dans son cours, elle soit arrêtée un instant, supposons qu'elle soit mise en échec, nous n'avons plus, avec ces événements toujours possibles, un régime absolu de justice. Nous n'avons plus qu'une justice intermittente. L'Etat manquerait à sa fonction essentielle.

D'autre part, au point de vue économique, quel serait le résultat d'une grève ? Les fonctionnaires proprement dits, par exemple, réclameraient-ils une élévation de traitement ? Sur quelles raisons légitimes pourraient-ils se fonder ? Comment pourraient-ils justifier leurs revendications ? Bien entendu, ce n'est pas uniquement par le désir qu'ils auraient d'améliorer leur situation. Leur simple cupidité serait un motif bien faible.

Diront-ils, alors : A travail égal, salaire égal !

Ils apprécieraient donc la rémunération des autres travailleurs et l'importance de leur travail, et, tablant ainsi sur ces données, ils réclameraient, étant données des conditions semblables de travail, une rémunération à peu près égale.

Nous établirons qu'il n'existe aucun élément d'appréciation de la valeur du travail, qui est toute, qui est entièrement relative, et que seule elle peut s'apprécier par la valeur du produit. Sans doute, il y a le phénomène de la rente, mais comme nous sommes incapables de dire à qui elle doit appartenir, nous la revendiquons pour le travail, ce qui est plus juste.

Le même travail, par conséquent, peut être rémunéré différemment, suivant les variations de la valeur du produit qu'il a fourni.

Le fonctionnaire proprement dit travaille pour l'Etat, mais il remplit une fonction que l'Etat, en principe, fait gratuitement. Leur travail a une valeur, sans doute morale. Il est impossible d'apprécier la valeur de leur travail par la valeur de leur produit. Comment, par conséquent, pourraient-ils justifier une grève en vue d'obtenir une augmentation de traitement, si ce n'est seulement par le désir qu'ils auraient d'augmenter leur bien-être. Or, ce désir est insatiable. Il peut être immodéré, il ne saurait donc rien justifier.

Tant que le travail n'est pas rémunéré par la valeur de son produit, il peut s'acharner, parce qu'il sait quelle limite il doit atteindre et ne pas dépasser.

Mais quand le produit ne peut s'apprécier dans sa valeur, puisqu'il est gratuit, il n'y a aucune limite à rechercher, il n'y a plus que celle du désir qui est infini.

La distinction de fonctionnaires d'autorité et de gestion était dangereuse à ces deux points de vue, si nous l'avions adoptée, parce qu'elle limitait, réduisait trop le nombre de fonctionnaires à qui la grève est interdite. Pour nous, nous soumettons à ce régime tous ceux qui collaborent à la mission de droit de l'Etat et nous ne laissons en dehors aucun collaborateur, pas même le plus petit.

Mais nous adoptons une solution différente quand il s'agit des agents appartenant à une industrie monopolisée par l'Etat, ou à une industrie exploitée par l'Etat, concurremment avec les particuliers.

Nous disons, en effet, que la récompense de tous les travailleurs de la même industrie doit être tout le produit de leur travail et toute la valeur de ce travail.

On a essayé de dire que la valeur du produit était composée :

1° Du salaire ; 2° de la rente.

Cette distinction laisse entendre que le travail qui a touché le salaire n'a plus droit à la rente.

Le salaire est déterminé par une foule de circonstances ; mais celles-ci ne légitiment pas le chiffre qu'elles ont établi pour rémunérer le travail ; et, comme il est difficile d'apprécier, de fixer ce chiffre, avec certitude, comme on fixe le poids d'un objet, la seule appréciation dont on devrait tenir compte ce serait celle qui déterminerait, distribuerait les salaires suivant la valeur de leur produit.

S'il en était autrement, cela ne serait pas juste,

parce que la rente n'allant pas au travailleur, irait au capital. Elle récompenserait ainsi une force aveugle et matérielle. Sans doute, la formation du capital a été le résultat de sacrifices et d'efforts de toutes sortes de celui qui l'a épargné, mais sa constitution fut aussi la récompense de ses efforts.

Cette récompense ne peut plus se continuer. Et si dans le travail de la production, le capital intervient, il n'a que le droit d'être amorti ; il n'a même pas droit à un intérêt.

Le travail seul a des titres pour l'appropriation de toute la rente. Donc toute la valeur de son produit doit lui appartenir, et cela doit être sous un régime de liberté commerciale absolue, c'est-à-dire sous un régime où le monopole n'existe pas, dans une entreprise qui n'est pas encore monopolisée. Les travailleurs doivent donc pouvoir se mettre en grève jusqu'à ce qu'ils aient atteint ce résultat.

Mais nous voici maintenant sous le régime du monopole. Quel est son but ? Quelles raisons le justifient ? Les uns ont dit : la rente est un phénomène social. Il n'est pas difficile de l'établir, car on peut constater que, d'un moment à l'autre, la valeur d'un produit a changé subitement quand les conditions du travail n'ont pas varié. Cette variation, cet écart, est la rente. C'est le résultat de phénomènes sociaux. Elle ne peut être appropriée justement que par la collectivité qui l'a produite, d'où droit de l'Etat. Voilà le raisonnement qui justifierait le monopole.

L'Etat enlèverait au capitalisme la rente pour en faire profiter toute la collectivité.

Nous le combattons entièrement, car, si nous trouvons injuste l'appropriation de la rente par le capitaliste, nous ne croyons pas non plus à celle de l'Etat. Dans notre régime économique, c'est le travail qui est la source de toute richesse. Il a besoin du concours des forces passées. Mais celles-ci en leur temps ont été récompensées. C'est donc le travail qui doit bénéficier de tout, autrement, on récompenserait des forces matérielles et aveugles.

La collectivité pourrait encore justifier l'appropriation de la rente, si elle se composait uniquement de travailleurs. Or, dans toute collectivité, à l'heure actuelle, il y a deux catégories de citoyens : les travailleurs et les oisifs.

Ceux-ci profitent donc, par conséquent, du monopole, tout comme les travailleurs, mais sans les mêmes titres.

En supposant même que la collectivité soit composée uniquement de travailleurs, ou bien qu'elle consacre uniquement ses ressources pour les améliorations d'ordre général, le monopole serait encore injuste. En admettant, en effet, que le principe du monopole soit équitable, ce n'est pas un régime partiel de monopole que nous devrions établir. Il faudrait un régime absolu où tout serait monopolisé par l'Etat, ou du moins, il faudrait un régime qui, bien que laissant libre l'initiative privée dans tous les domaines de la vie économique, permettrait à l'Etat de s'approprier toutes les rentes. Un régime partiel, c'est un régime d'inégalité. Les uns sont dépossédés de la rente, ceux qui vivent sous le monopole. Les autres la conservent ou, tout au moins, ils ont la faculté de la ressaisir au capital, ceux versés dans les entreprises privées.

Il est vrai que cette appropriation subite de toutes les rentes par l'Etat, n'est pas possible. Il faut s'y acheminer étape par étape.

Il en résulte que le monopole n'est pas autre chose à l'heure actuelle qu'un impôt et qu'un impôt inégal, parce qu'il frappe une catégorie de travailleurs et qu'il ne frappe pas d'autres catégories.

C'est pourquoi, de même que nous disons que dans une industrie particulière, la grève est légitime parce qu'elle tend avec raison à faire élever les salaires jusqu'au niveau de la valeur des produits, de même nous disons qu'elle est légitime dans une industrie monopolisée par l'Etat ou exploitée par l'Etat concurremment avec les particuliers.

L'Etat, s'appropriant la rente, essaye de justifier son appropriation, mais vainement, parce qu'il se l'approprie, soit comme capitaliste, soit sous la forme d'un impôt inégal, du monopole. Les travailleurs doivent, par conséquent, faire grève ; peu importe qu'ils se trouvent en présence d'une entreprise privée, ou qu'ils se trouvent en face l'Etat, leur situation est la même, est égale. Ils ont donc les mêmes droits.

Ainsi se justifient le droit au syndicat et le droit à la grève. Certains ont essayé de les justifier en établissant un rapport contractuel entre l'Etat et ses agents. Mais un contrat ne signifie rien. Il a son contenu propre, mais la force mise à la disposition des contractants pour obtenir l'exécution du contrat, ne résulte pas du contrat lui-même. Elle résulte du droit qui l'autorise et qui la justifie aussi contre une loi qui serait inique. A ce point de vue comme à tous les autres, il faut adopter une solution de justice et le problème de la nature juridique de la fonction n'a aucune importance.

La situation, par conséquent, de tous les travailleurs de l'Etat comme des entreprises privées est égale. Ils poursuivent tous une même action. Ils doivent avoir les mêmes droits et leurs forces doivent se trouver unies dans toutes les circonstances, sur tous les terrains, pour mener la lutte économique.

Leur affiliation à la Bourse du Travail doit être entièrement libre. Ce serait une iniquité que de l'interdire à quelques-uns, parce qu'ils sont au service de l'Etat. Ils veulent réaliser l'idéal que le travail ait tout le revenu qu'il produit, qu'il devienne lui-même capitaliste. Du jour où cette formule sera réalisée, seul, le travailleur pourra vivre. Le parasitisme sera vaincu. Il faudra qu'il devienne à son tour travailleur.

Qu'on n'invoque pas l'interruption de services essentiels, comme celui des postes, par exemple.

Si nous nous plaçons à ce point de vue, tous les services sont essentiels, ceux assurés par les particuliers comme par l'Etat, et il ne faut établir aucune hiérarchie entre eux quant à leur utilité sociale. On ne peut pas nier, évidemment, que l'interruption de ces grands services ne soit dommageable à la société. Mais si c'était une raison pour les empêcher par la force, on arrêterait la marche vers la justice sociale. Avant d'y arriver, nous sommes obligés de faire des sacrifices et de les supporter. Si on entravait les moyens d'action des travailleurs sous prétexte que la grève qu'ils décrèteraient nuirait à la société, on paraîtrait vouloir opposer ainsi l'intérêt général à l'intérêt particulier. Or, nous disons que l'intérêt général est la somme de tous les intérêts particuliers, et, que l'opposition que l'on fait est fausse, à moins que l'intérêt particulier ne se fonde sur une raison d'égoïsme ou n'abrite une illégalité. Mais quand il est conforme au droit, il est conforme à l'intérêt général, et, s'il y a des souffrances, des sacrifices nécessaires, c'est l'intérêt général qui les a demandés.

De même que les travailleurs de l'industrie privée peuvent faire grève, de même les agents de l'Etat. Il ne suffit pas que l'Etat leur permette d'agir, mais il ne doit pas se comporter de manière à paralyser toute l'énergie de leur action.

Au contraire, les fonctionnaires proprement dits peuvent se syndiquer, mais non plus faire grève. Ainsi devons-nous interpréter les textes du Code pénal. Ainsi devrions-nous légiférer.

Doit-on les autoriser à s'affilier à la Confédération Générale du Travail ? Dans notre régime économique, c'est une institution nécessaire. Elle a pu par quelques-uns des caractères qu'elle présentait, mériter quelques critiques. Mais, comme il a été indiqué, elle ne tardera pas à se réhabiliter entièrement. Elle est une force souveraine, qui, détruisant peu à peu les iniquités de notre régime économique, permettra à la classe ouvrière de trouver dans un régime nouveau, le triomphe de toutes ses revendications.

Mais pour se jeter au milieu de ses rangs, il faut avoir un même idéal économique que l'on veuille réaliser pour soi. Les fonctionnaires proprement dits peuvent-ils en avoir un ? Non, puisque leurs fonctions, en principe, sont gratuites, et que leurs traitements ne se justifient que parce que, étant données les conditions du marché, il leur permettra de vivre. Toute revendication à son sujet ne peut se justifier que par l'impossibilité où ils seraient de vivre.

A ce point de vue on ne s'expliquerait pas leur adhésion à la Bourse du Travail. Nous ne nions pas leur influence heureuse sur la Confédération Générale du Travail. Mais il ne faut pas nier non plus l'influence de celle-ci.

Et quelle serait celle-ci ?

Rationnellement, il faut assurer entièrement l'indépendance des fonctionnaires ; ils ont une mission de droit à remplir et il leur faut pour cela une liberté entière d'esprit. Il faut qu'ils soient libres, affranchis de toute passion. L'idéal serait de trouver en eux des êtres purement abstraits et raisonnants. Ainsi, ils auraient plus facilement le discernement du droit et l'œuvre de droit, qui est surtout une œuvre de raison, serait plus heureusement assurée par eux. Malheureusement, ce sont des hommes. Leur nature humaine a ses faiblesses. Ne les exposons pas à d'autres faiblesses, à d'autres passions qui émousseront leur sens du droit ou l'égareront. Qu'ils ignorent les tourmentes, les luttes populaires. La justice est impartiale. Elle juge au milieu des événements dont elle est dégagée. Un mouvement populaire, fût-il équitable, il n'est pas dans sa nature, dans sa fonction, de l'aider. Elle ne peut l'aider que par ses sentences et ses jugements. La justice constate des situations antérieures de droit. Et nous nous plaçons ici à un point de vue très général. Elle dit le droit, mais elle ne le crée pas.

Mais, dit-on, la Confédération Générale du Travail, ce n'est pas seulement le groupement de tous les intérêts coalisés, cherchant à substituer à notre régime économique actuel, un régime plus équitable de répartition et de distribution des richesses. La Confédération Générale du Travail a un

but également noble, également sublime. Elle n'oppose pas seulement à la lutte des intérêts, la solidarité des intérêts, mais, en même temps qu'elle
recherche l'émancipation matérielle de tous les
travailleurs, elle aspire vers les cimes élevées, où
elle conduira le prolétariat tout entier, affranchi
de tous les préjugés, de tous les dogmes, de toutes
les habitudes de vice et d'ignorance. Elle veut l'é-
manciper moralement.

Et, quoi de plus logique que cette rencontre
de toutes les intelligences ! La voilà, l'œuvre post-
scolaire de l'instituteur poursuivant son enseignement du peuple adolescent, au peuple grandi ;
du magistrat, enseignant par ses habitudes de sagesse, le culte du Droit, l'obéissance au droit, et
tour à tour, au sein de cette vaste confédération,
ils se rencontreront, travailleurs qui soulèvent l'en-
clume, travailleurs des usines, travailleurs de la
terre, travailleurs de la pensée, maîtres, professeurs, juges, etc.

Ainsi se fera la véritable coéducation sociale,
car tous ils seront à tous un enseignement vivant.
Ils se forgeront un idéal commun vers le droit, vers
le beau, par une pénétration réciproque de leurs
consciences et de leurs pensées.

Nous le voulons bien et nous le voudrions bien.
Mais il faut ignorer l'organisation de la Confédération Générale du Travail.

L'adhésion des fonctionnaires à la Bourse du
Travail entraînera-t-elle ce rapprochement et ce

contact permanent dont, après tout, on ne devrait espérer que de belles choses ? Ce rapprochement de toutes les classes de travailleurs, où pourrait-il se produire ? Dans quels lieux se produira-t-il ? Ah ! oui ! L'adhésion, c'est bien l'engagement d'obéir à la discipline, qui viendra du gouvernement central. C'est bien l'engagement de rester solidaire devant toutes les épreuves comme dans tous les combats, et le mot d'ordre, la règle de discipline se répandra successivement des groupes principaux aux groupes secondaires, successivement, jusqu'aux groupements les plus petits. Le même mot d'ordre mettra la vie et là répandra jusque dans les ramifications les plus éloignées.

Mais est-ce cela que nous appellerons de la coéducation sociale ? Ah ! oui ! nous aurons des Congrès, où chaque catégorie, chaque corporation enverra ses représentants. Mais que faisons-nous de ceux qui resteront, qui ne seront pas délégués, et qui seront l'innombrable multitude ? Le travailleur paysan restera sur sa terre ; le maître sur sa chaire d'école ; le juge dans son prétoire. Et chacun, ils continueront leur mission, leur fonction isolément. Ils savent bien que l'organisation centrale synthétisera, résumera, exprimera toutes leurs espérances communes et diverses. Mais appellerons-nous cela encore de la coéducation sociale, que cette bureaucratie nouvelle, qui rédigera les préceptes, les règles de conduite, les règles de morale et les règles d'action, et les répandra, et les distribuera dans tout le reste de l'organisme ?

La coéducation sociale, comment pourrait-elle mieux être organisée qu'à l'école pour l'enfant, qu'au régiment pour les jeunes hommes, que dans les fêtes, dans les réjouissances publiques, que dans ces moments de désastre où tous les cœurs se sentent unis par une douleur commune.

Oui, c'est bien un tableau utopique, chimérique que l'on nous trace. Cela ressemble à ces écrivains qui, peignant la nature, se persuadent que rien n'est aussi beau et aussi aisé que le travail de la terre. Ils jettent, en effet, la semence féconde dans le sillon ouvert, et quelle meilleure joie que de voir grandir les moissons que l'on a plantées sous le soleil éclatant. Bergers de théâtre ! princesses qui deviennent jolies paysannes ! Mais que la réalité est donc dure ! Une vieille charrue qui enfonce péniblement le soc dans la terre, deux chevaux énormes poussant, le vieux fermier, aux reins cassés, derrière le pénible attelage.

Que les agents de l'Etat adhèrent à la Confédération Générale du Travail ! Ceux-là qui ont les mêmes intérêts que la classe ouvrière entière. Mais que les fonctionaires, proprement dits, restent en dehors de tout mouvement. Le mouvement de justice sociale qui se produit en dehors d'eux, produira ses effets, il aura ses triomphes et il répandra ses bienfaits sur eux-mêmes. Qu'ils restent en attendant. Qu'ils accomplissent froidement leur mission avec d'autre espérance que d'encourager le prolétariat qui lutte par l'exemple de leur impartialité et de leur intégrité.

*
* *

Mais en ce qui concerne les agents de l'Etat autres que les fonctionnaires proprement dits, nous ne nous arrêterons pas à la conclusion que nous avons donnée. Nous devons entièrement suivre la thèse du syndicalisme intégral.

Nous leur avons reconnu le droit de se syndiquer suivant la loi de 1884 et faire grève parce qu'ils avaient des intérêts économiques certains à défendre, et qu'ils pouvaient se proposer un but légitime : l'appropriation entière par eux-mêmes du produit des entreprises monopolisées par l'Etat ou exploitées par lui concurremment avec les particuliers.

C'est en vertu du même principe, qui est fondamental, que nous revendiquerons pour eux le pouvoir de se syndiquer suivant la thèse exposée.

En effet, tout le produit de l'entreprise doit leur appartenir. Ce principe a un retentissement sur l'organisation de la fonction elle-même.

Cette organisation intérieure peut laisser à désirer, présenter des lacunes ou, au contraire, soutenir des services inutiles et par suite ruineux. De l'organisation intérieure, d'une savante division du travail et économie des forces, de l'habileté des dirigeants, de l'habileté, du zèle des agents dépend l'importance du rendement, du produit. Il ne suffit pas que les travailleurs de la fonction soient intelligents, pleins de zèle et d'ardeur. Mais il ne faut pas oublier que le gâchis, des dépenses ruineuses peuvent se produire soit que l'administration soit confiée à des employés inutiles, à des bureaucrates paresseux, soit qu'au contraire il soit nécessaire de créer de nouvelles fonctions qui viennent soulager les premiers de leurs tâches trop lourdes, soit même que la collaboration entre les services existants soit mal assurée.

D'autre part, au sein de cette administration industrielle, il est nécessaire de prendre des garanties contre les fautes, contre les négligences des employés. A tout moment, pour une cause quelconque, un relâchement peut se produire dans le travail, relâchement qui peut entraîner une diminution de la production. Il faut donc des garanties contre les négligences coupables, contre les fautes graves et dangereuses. Et pour cela, il faut instituer une organisation de surveillance consciencieuse, qui assure et dirige le fonctionnement de toute administration. Ce régime préventif ne suffit pas. Il ne suffit pas, en effet, de posséder les moyens de stimuler le zèle de tous les travailleurs, mais il faut établir une répression qui les mette à l'abri de leurs propres faiblesses. C'est l'institution d'une discipline et d'une répression disciplinaire, laquelle sera la sanction de la discipline éta-

blie, du devoir professionnel, en vue d'assurer
l'équilibre, l'entente, la collaboration de toutes les
forces vouées au même travail. Elle existe dans
l'intérêt purement corporatif. Au contraire de la
répression pénale qui vient protéger l'intérêt général, la sécurité, l'ordre, la tranquillité publique,
la répression disciplinaire corporative se justifie
par un intérêt particulier, celui de la corporation
entière.

Pour qu'une bonne production soit assurée, il
faut une saine et intelligente organisation administrative, hiérarchisée. Il faut une discipline et
une répression disciplinaire, mais libre de toute
exagération inutile et déprimante.

L'on comprend maintenant que les fonctionnaires demandent à former un syndicat indépendant,
entièrement autonome, traitant et décidant en
toute liberté de toutes les questions professionnelles, car c'est leur chose, c'est leur bien, leur propre bien qu'ils demandent à administrer et à gérer. Et la gestion de leurs intérêts, c'est l'organisation de la fonction, c'est l'exercice de la répression disciplinaire, etc...

Le moindre vice dans l'organisation, la moindre négligence de la direction, c'est eux qui en sup-
portent les conséquences, c'est eux qui en feront
les frais. Les fonctionnaires ont donc le droit de
protester contre cette main-mise de l'Etat sur la
direction des services. Ils ne veulent souffrir que
pour leurs propres fautes, leurs propres erreurs,
mais ils les subiront plus aisément.

De quel droit l'Etat s'imposerait-il comme dirigeant de leurs entreprises. Veut-il des ressources ? Qu'il prélève, établisse également des impôts. Mais quand la prospérité de l'entreprise dépend de sa direction, laissons-la plutôt à la direction qui présente le plus de garanties puisqu'elle est la plus intéressée et parce qu'on n'a pas le droit, l'Etat pas plus que les particuliers, de s'interposer entre le propriétaire et la propriété, et de lui enlever tous ses droits d'initiative.

Le monopole ne se justifie pas s'il a pour but de créer des ressources à l'Etat parce qu'il le fait aux dépens de la liberté commerciale, il le fait quand il a un moyen plus normal l'établissement d'impôt, tandis qu'ici le monopole est un impôt inégal qui frappe injustement une catégorie de travailleurs. L'Etat, se substituant aux capitalistes, prélève ce que ceux-ci prélèveraient et le prélèvement garde toujours sa nature arbitraire.

Pourquoi l'Etat a-t-il décidé d'avoir le monopole de certaines industries ? Quelles raisons légitiment le monopole, ou suivant quelles conditions ou quel but doit-il poursuivre pour être légitime ?

Il ne sera pas légitime si l'Etat, par ce moyen, veut se procurer des ressources, parce qu'il entrave ainsi la liberté commerciale et qu'en réalité, cela devient un impôt, et un impôt inégal, parce qu'il frappe une catégorie de travailleurs.

Qu'il n'invoque pas l'intérêt général qui lui-même demanderait la transformation de certains services particuliers en services publics, parce que on ne peut pas dire que le monopole ait toujours satisfait l'intérêt général ; par exemple : le service des postes par l'Etat a-t-il assuré au public une inviolabilité plus grande de la correspondance, plus de célérité dans le travail ? etc...

D'ailleurs, en admettant que le monopole soit nécessité par l'intérêt général, ainsi considéré il ne peut être incompatible avec une organisation syndicale, puisqu'en réalité, celle-ci ne substitue rien à l'Etat ancien et ne fait simplement, au nom de la prospérité des entreprises monopolisées, que substituer des formes nouvelles et supérieures, parce qu'elles sont plus conformes à la justice que les formes précédentes.

Si nous autorisons l'Etat à instituer des monopoles, nous disons que c'est uniquement pour réaliser l'idéal économique qui veut que seul le travail soit rémunéré dans le régime futur. Dans la société collectiviste, tout le monde travaillera et tout le revenu appartiendra uniquement aux travailleurs puisqu'il n'y aura que des travailleurs. L'Etat alors pourra s'approprier ce revenu, parce qu'il ne saurait le distribuer qu'à des travailleurs. Dans le régime actuel, l'Etat ne saurait rien s'approprier parce qu'il représente les intérêts de tous les citoyens, ceux qui travaillent et ceux qui ne travaillent pas.

Par conséquent, pour arriver à établir un régime où le travail seul recevra tout, il ne doit pas commencer dans cette évolution par violer cette formule.

C'est pourquoi il doit d'abord mener une lutte contre l'exploitation capitaliste et décider, dès qu'une industrie se trouve fortement centralisée entre les mains d'une puissance capitaliste, de telle sorte qu'il en résulte un monopole de fait, de substituer le monopole par l'Etat; mais ce ne peut être à son profit, mais seulement dans l'intérêt des agents occupés dans cette industrie monopolisée, afin qu'ils s'en partagent le rendement suivant leurs mérites. Et, partant de cette idée, ce n'est pas seulement le profit qui doit être approprié par les travailleurs, devenus agents de l'Etat, mais ils doivent être souverains pour diriger et discuter de leurs propres intérêts, soit qu'il s'agisse pour eux de l'organisation administrative, bureaucratique de la fonction, soit qu'il s'agisse de veiller à la répression, tous les règlements, en effet, n'ayant qu'un but, celui d'assurer la productivité de l'entreprise.

**

Pour les fonctionnaires proprement dits, que décider ?

C'est avec raison que la thèse syndicaliste réclame un régime préventif et répressif, en ce qui concerne toutes les questions professionnelles. Il ne suffirait pas, en effet, d'élaborer une réglementation, afin, d'une manière générale, d'organiser la fonction le plus parfaitement possible et de donner aux fonctionnaires toutes les garanties.

A cette réglementation, il faut une sanction et nous organisons un régime de répression.

Il faut aussi une sanction qui oblige le gouvernement à exécuter spontanément les règles édictées. C'est un régime préventif, un régime de précautions contre l'arbitraire.

Mais c'est une conclusion trop rapide que de conclure aussitôt, de la nécessité qu'il y a pour le triomphe du droit d'instaurer un régime préventif et répressif, en faveur d'une organisation syndicale de la fonction.

Si nous voulons apprécier les bienfaits et faire la critique du syndicalisme intégral, il suffit de se demander si cette organisation donne satisfaction à l'intérêt général et à l'intérêt particulier des fonctionnaires, ou si elle ne leur sera pas contraire. C'est à ce double point de vue pratique qu'il faut se placer.

Il est évident que si l'on se reposait uniquement sur les affirmations des syndicalistes, ce serait une organisation excellente ; les fonctionnaires seraient des hommes d'une humanité supérieure. Ils accompliront leurs devoirs professionnels ! Ils se dévoueront pour la fonction ! Plus d'arbitraire ! l'équité ! La solidarité entre eux augmentée par le sentiment de leur responsabilité ! Ce sera presque une ébauche du paradis terrestre ! Et à quel

prix ? Oh ! rien. Qu'ils puissent se gouverner eux-
mêmes. Et alors chacun aura sa petite place. Il ne
quittera plus son poste de soldat du droit ! Il faudrait lui faire violence. Ainsi se formeront, au milieu de notre société, des groupements d'élite qui
appliqueront le droit avec une conviction et une
sûreté remarquable ! Le syndicat sera une petite
république dont les citoyens fixeront eux-mêmes
les lois, établiront les règles de discipline, et comme ce sera une discipline librement consentie, elle
sera obéie.

Quels secrets possède donc le syndicalisme pour
modifier aussi rapidement la nature humaine ? On
l'accusait d'être mauvaise, et voici que subitement
elle se révélerait remarquable et inépuisable en
bonté et en dévouement. Quelle grâce divine aurait
pénétré tous les fonctionnaires ?

On avait tort de désespérer et de médire des
institutions. On oubliait cette institution fonda-
mentale qui assurerait dans le pays le triomphe du
droit ! Vive le Parlementarisme ! la pleine et libre
République dans l'administration comme dans l'u-
sine.

Cependant, on ne peut se contenter purement et
simplement des affirmations des syndicalistes.
Sans doute, on ne peut pas nier que parfois la nature humaine est capable d'un véritable héroïsme.
Et l'on cite des exemples d'hommes et de femmes
qui se sont signalés par leur courage et leur vertu !
Le syndicalisme, après tout cela, pourrait bien

avoir le don de stimuler l'héroïsme des fonctionnaires, pourvu que pour leur malheur, ils ne deviennent pas des ascètes. C'est sous le régime de la liberté que s'épanouissent toutes les vertus.

Nous voici maintenant au régime de liberté, en terre de citoyens libres !

Que nos adversaires cependant nous pardonnent. Notre propre nature nous a exposés à tant de malheurs, qu'elle nous a rendus complètement incapables d'une confiance aussi spontanée. Nous ne disons pas encore qu'elle ne soit pas légitime, mais nous demandons des garanties.

Il faut nécessairement des garanties pour qu'on ose modifier l'ordre actuel et établir un régime qui sera, comme nous le verrons plus loin, le morcellement, l'émiettement de la puissance publique et la désagrégation de la volonté nationale. Quand il s'agit de toucher aux institutions politiques et administratives d'un pays, on ne s'engage pas à l'aventure.

On nous dit que les fonctionnaires syndiqués, appelés à régler toutes les questions professionnelles, le feront, le règlement, au mieux de l'intérêt général, parce que leur propre intérêt sera conforme à celui de la collectivité, et parce que dans l'association, conduite à un pareil développement, il se formera un idéal moral auquel tous voudront se soumettre, et qui les poussera à faire le devoir pour le devoir.

Cela est fort possible. Il est même vrai que

cet idéal abstrait pourra, dans l'avenir, exercer
sur les âmes une telle influence que tous, peu à
peu, voudront s'efforcer de le réaliser en eux-
mêmes et autour d'eux-mêmes. Et c'est avec raison, avec juste raison, qu'on peut dire après tout,
que par l'éducation morale du peuple et de tous
les citoyens, plutôt que par une constitution économique et politique nouvelle, le droit arrivera à être
entièrement assuré dans notre beau pays. Et nous
louons sincèrement ceux qui veulent y croire et
qui témoignent d'une magnifique confiance en cette
règle abstraite, en cette norme qui dicterait désormais la conduite des hommes.

Mais qu'on nous pardonne encore de demander
quelles garanties nous offre le syndicat ?

Les syndicalistes se réclament seulement de la liberté. Quand ils auront une hiérarchie qu'ils auront établie, quand ils vivront sous le régime d'une
discipline librement consentie, alors ils accompliront leur devoir, et la justice dans l'administration sera assurée.

Une discipline librement consentie ! ce n'en est
aucune en réalité ! C'est seulement celle de la volonté, qui n'a aucun contenu propre. C'est, par
suite, celle de la force, de l'arbitraire. C'était pas
la peine de changer de gouvernement.

Les syndicats prétendent qu'ils voudront toujours une discipline conforme au droit. Et que
leur importe donc de l'établir, puisque leur liberté
sera liée par les règles du droit. Ils rechercheraient

une singulière satisfaction d'amour-propre. Vraiment, pour une satisfaction pareille, d'ordre personnel, troubler et bouleverser l'ordre établi ? Quelle fascination exerce donc le pouvoir pour que tout le monde veuille le posséder ?

Dira-t-on que le pouvoir exercé par l'Etat sera plus arbitraire ? Mais si l'Etat est capable d'y renoncer et de le confier entièrement aux syndicats, en ce qui concerne toutes les questions professionnelles, n'est-ce pas la meilleure preuve qu'il veut le droit ? Et alors pourquoi admettre qu'il confie une pareille mission aux syndicats, dès qu'il est capable ou devenu capable de l'accomplir lui-même, car il lui suffit de vouloir pour pouvoir.

Et ne serait-ce pas ensuite reculer la difficulté ? La puissance publique veut le droit. Elle se confie entièrement aux syndicats. Ceux-ci le voudront-ils également ? Tant qu'ils aspirent à la possession du pouvoir, on a toutes les garanties. Jamais meilleures intentions, jamais meilleures dispositions que celles d'un candidat ! Mais le pouvoir obtenu ? C'est la question.

Il est un principe : c'est que chacun doit gouverner ses propres intérêts. Il le fera mieux que personne.

On veut décentraliser afin que les pouvoirs régionaux et communaux s'administrent eux-mêmes.

A la monarchie, on a substitué le gouvernement démocratique parce que tout ce qui intéressait la nation devait être réglé par la Nation.

Partant de ce principe, MM. Boncour et Berthode regrettent, ainsi que l'a signalé M. Seignobos l'existence d'une constitution républicaine et d'une administration monarchique. De même que la nation est souveraine pour la conduite du pays, de même il faut une administration démocratique, grâce à laquelle les fonctionnaires participeront à l'administration des services dont ils sont chargés.

On oublie que ce sera faire, de la fonction, la chose des fonctionnaires, et qu'elle n'a pas été instituée pour eux, mais pour les besoins de l'intérêt général.

Si on veut démocratiser l'administration, et si on a recours à l'organisation syndicale, on brisera la Constitution républicaine que nous avons.

Une pareille organisation est autre chose, en effet, qu'une formation nouvelle comme le prétendent les syndicalistes. C'est autre chose qu'une simple substitution de formes nouvelles aux formes anciennes et usées, qu'un changement de modalité. C'est un déplacement de l'autorité, du pouvoir. Dans sa conception la plus pure, le syndicat, c'est une volonté nouvelle qui organise la fonction en toute indépendance et qui s'est substituée à la volonté de l'Etat. La puissance de l'Etat est atteinte. Elle voit se dresser en face d'elle une foule de puissances rivales, représentées chacune par un syndicat.

Quel acte de foi ! Quel acte de confiance ! L'Etat se reposant sur les syndicats pour protéger et veiller aux intérêts généraux. Mais ce serait encore autre chose qu'un acte de foi ! Ce serait une véritable abdication de la Souveraineté nationale qui, renonçant elle-même à se gouverner, distribuerait ce gouvernement à tous les syndicats organisés, et prendrait l'engagement de se soumettre et de leur obéir. Eh quoi ! Nous aurions détruit la Monarchie ! fait cent révolutions ! Des barricades se seraient dressées dans les rues au nom de la liberté ! Le sang aurait coulé, et, après l'avoir conquise, nous y renoncerions ! Après l'avoir détruit, nous rétablirions le despotisme ! Après la tyrannie du monarque, la tyrannie des syndicats !

Non. C'est un principe souverain. En supposant même que le syndicat soit un instrument parfait, idéal même, dès le moment où il faut toucher; renoncer à la souveraineté nationale, dès le moment où il faut exiger d'elle une abdication, nous devons nous élever avec toute notre énergie. La souveraineté nationale est sacrée et inaliénable. Le gouvernement de toute chose doit lui appartenir. Elle pourra avoir ses défaillances pour rendre la justice ; mais elle en souffrira elle-même. Et c'est au milieu des épreuves qu'elle se fortifiera et qu'elle fortifiera son idéal de justice.

Comme il appert que l'intérêt particulier des fonctionnaires sera parfaitement contraire à l'intérêt général. Ils décideront souverainement de toutes les questions professionnelles, de toutes les réformes à apporter dans l'intérieur de l'adminis-

tration, dans l'intérêt d'une bonne collaboration
des divers services entre eux, d'une division excellente du travail, en même temps qu'on observe-
rait le principe de l'économie des forces. A ce
point de vue, nous n'avons comme garantie que la
bonne volonté du syndicat. C'est peu suffisant et
plus que problématique.

Mais, s'agirait-il du traitement ? Le syndicat
aura toujours une tendance à vouloir l'augmenter
et l'exagérer. Malheur au public, au contribuable.
Le syndicat le frapperait sans scrupule. Lui fixera-
t-on une limite ? Mais, dès ce moment, il n'y a
plus de syndicat.

S'agirait-il de la durée du travail ? Il voudra
la réduire également le plus possible, et il sera
entraîné, dans les services où il le pourra, à créer
de nouveaux fonctionnaires qui permettront cette
réduction. Ainsi, ils ne ménageraient pas le tré-
sor.

En ce qui concerne la nomination, l'avancement,
la répression disciplinaire, à ces trois points de
vue, quelle sera encore la sécurité de l'intérêt général ?

A ces trois points de vue, aucun mouvement
du personnel ne pourrait se produire que suivant
l'un ou l'autre des deux procédés suivants:

Ou bien l'accès de la fonction sera permis, ou
bien la hiérarchie entière sera établie par l'élection
qui, appréciant la valeur de chacun d'eux, les pla-
cerait aux grades qu'elle jugerait utile de leur

faire occuper. Ou bien, toutes ces questions seraient résolues automatiquement suivant un système que le syndicat n'aurait qu'à suivre, qui indiquerait les conditions à remplir. Bref, ce serait le statut des fonctionnaires élaboré par le syndicat, comme nous demandons à l'Etat de le faire maintenant.

Et comme on aperçoit bien vite combien l'intérêt général sera compromis par le premier système. Quelles luttes s'engageraient autour de ces élections ! Quelle rivalité ! Quels appétits déchaînés ! Ce serait véritablement la guerre, l'anarchie au sein même de l'administration, chaque syndicat devenant un foyer permanent d'agitation. Eh quoi ! la discorde est entrée dans leur camp ! Juges ! couverts d'hermine blanche. Ils bondiraient sur leurs chaises curules, élevant le pugilat à la hauteur d'une institution.

Que de chefs inexpérimentés et incapables nous amènerait l'élection, et, en supposant même qu'elle amène le triomphe du mérite, de l'intelligence, quelle sera l'autorité des chefs élus vis-à-vis de la minorité battue et pas contente ? Quelle insubordination, quelle indiscipline nous instaurerions au sein de la hiérarchie ! Les passions soulevées ne se calmeraient pas aussitôt. Elles ne sauraient plus se résigner devant leur défaite et abdiquer.

Et si le syndicat rédigeait lui-même le statut par lequel on établirait : les conditions d'accès à la fonction, les conditions d'avancement, les circonstances, les fautes capables seules d'entraîner la répression disciplinaire, etc., il faudra des organisations intérieures, des groupements, des comités, des conseils, ce que l'on voudra, issus nécessairement du suffrage universel, c'est-à-dire désignés par les membres associés, et qui devront faire observer, exécuter les règles nouvelles du statut.

Pour la constitution de ces groupements, de ces comités, de ces comités électifs, quelles luttes encore se produiront ! Quelles passions seront encore soulevées et surexcitées !

Le statut, à son tour, lui-même, sera-t-il élaboré conformément à la justice ? On peut redouter, avec raison, que la fonction ne devienne une entreprise fermée et exploitée tyranniquement par le syndicat. Si tous ses membres sont sur un même pied d'égalité, sera-t-il démocratique pour tous ceux qui vivent en dehors de la fonction et qui voudraient y parvenir ? — A l'exemple des anciennes corporations, le syndicat n'aura-t-il pas cette tendance à interdire la fonction à certaines catégories, en exigeant des conditions d'entrée très dures.

De même au point de vue de l'avancement, de la répression disciplinaire.

Voilà comment au sein de ces petites et brillantes républiques, nous verrons surgir les mêmes difficultés. Elles devront avoir, elles aussi, une constitution et une certaine réglementation, et pour l'établissement de cette constitution, pour l'établissement de cette réglementation, les mêmes principes ne seront-ils pas discutés ? Les mêmes problèmes avec les mêmes inquiétudes n'apparaîtront-ils pas comme au milieu de notre régime actuel, de notre grande république ?

Parce que nous aurons diminué, réduit successivement la sphère d'agitation, aurons-nous supprimé l'agitation ?

Nous n'avons fait seulement que reculer les solutions des différents problèmes qui se posent.

Nous n'avons pas changé les moyens d'action de l'homme, nous n'aurons pas modifié sa nature.

Par conséquent, à quoi nous servirait-il de défendre plus longtemps le syndicalisme ? Ce serait le sacrifice bien inutile de la souveraineté nationale, en supposant que les syndicats puissent résoudre comme l'Etat le peut maintenant, les différents problèmes qui se posent pour assurer la justice.

Le problème de la justice ne consiste donc pas à ruiner la puissance de l'Etat et à déplacer le pouvoir. Car le pouvoir entre les mains de qui que ce soit est une force aveugle, qui peut devenir injuste et tyrannique. La garantie, la sécurité viendra du parti qui le possède, de la moralité de ce parti. Le syndicat n'a justifié aucun droit à le revendiquer. Il ne nous donne et ne nous garantit aucune sécurité. Il parle au nom de ses intérêts et non plus au nom de l'intérêt général. Bien plus, loin de les concilier, il propose une institution, un organisme, où jamais ils ne se sont trouvés en lutte avec autant de force.

Ce n'est pas seulement l'intérêt général qui sera sacrifié, car il est clair que si le syndicat organisait librement la fonction, il l'exploiterait comme son bien, comme son propre bien, mais c'est l'intérêt lui-même des fonctionnaires qui souffrira dans l'idéale organisation.

Mais d'abord, pourquoi les fonctionnaires repousseraient-ils l'action, le droit de l'Etat de réglementer leur situation juridique et en assurer la protection. Ils cesseraient à tort d'avoir confiance en la souveraineté nationale. Longtemps, il est vrai, la puissance publique fut exploitée par les tyrans.

Peu à peu cependant, une notion supérieure s'est formée, une conception belle de l'Etat s'est développée. On a vu en lui l'organisateur du droit, on a vu en lui la puissance souveraine qui, au milieu de notre société, devait défendre et assurer la justice.

N'est-il pas vrai que cette conception s'est formée sous le gouvernement démocratique, sous le gouvernement de la volonté nationale ?

Et ce progrès ne nous engage-t-il pas à en espérer d'autres ? Oui, les fonctionnaires ont vécu jusqu'à ce jour sous un régime d'arbitraire absolu, et cela cadrait, s'harmonisait peu avec un régime qui voulait être démocratique. Mais, nous devions subir les traditions du passé. Il est difficile souvent de s'en délivrer, de s'en dégager. Cela est difficile, parce que l'œuvre de progrès ne s'improvise pas et qu'elle demande son temps pour chacune de ses réformes. Il y a des étapes à franchir et des étapes parfois douloureuses. On ne se dirige pas vers le progrès par des marches forcées.

Mais toutes les fois que la démocratie a pu en faciliter la marche, elle l'a fait. Il suffirait, au point de vue fonctionnarisme, d'étudier l'évolution de la jurisprudence, au Conseil d'Etat. Sans que ce tribunal possède aucune des garanties d'inamovibilité reconnues aux autres tribunaux, il a accompli, ces dernières années, une tâche vraiment remarquable. Il est parvenu à jouer un rôle merveilleux au milieu de notre République.

Par sa théorie du recours pour excès de pouvoir, par la facilité avec laquelle il l'a admis, par l'extension qu'il lui a donnée, le Conseil d'Etat est arrivé à apprécier la valeur de tous les actes administratifs, des actes de gouvernement et à devenir le suprême gardien de la légalité.

Rien n'est plus efficace pour maintenir le gouvernement dans la voie de la légalité que le contrôle permanent de l'opinion publique. Nous l'avons vue s'émouvoir en des circonstances véritablement douloureuses et dramatiques. Nous l'avons vue s'élever contre toutes les puissances liguées contre le droit. Et elle eut des triomphes magnifiques et délirants.

Elle peut connaître toutes les iniquités, toutes

les tares d'un régime et les dénoncer en les flétris-
sant. Alors, elle remportera la victoire parce
qu'elle est souveraine.

Mais elle ne saurait jamais s'intéresser, parce
qu'elle n'est pas infinie, qu'aux grandes causes,
qu'à celles qui, parmi la multitude des autres, soulèvent le plus d'émotion à cause de l'injustice plus
grande ou plus odieuse dont elles sont marquées.

Alors, elle a besoin d'auxiliaires, si elle veut
remplir sa mission jusqu'au bout ; d'auxiliaires qui
lui obéiront, seront sous son contrôle, se pénètre-
ront de ses principes.

A cet égard, le Conseil d'Etat a été le véritable
auxiliaire de l'opinion publique. Au fur et à mesure qu'elle accentuait ses tendances, marquait
des désirs nouveaux, il accentuait et faisait évoluer
sa jurisprudence dans la même voie. Soit qu'il ap-
préciât les actes de l'administration, soit qu'il
traitât de la responsabilité de l'Etat, ou des fonctionnaires, etc., il rejetait de plus en plus les viel-
les doctrines et voulait juger suivant l'équité.

Ainsi, grâce au Conseil d'Etat, les fonctionnaires, dans notre régime, ont trouvé peu à peu des
garanties que les textes ne leur donnaient pas.
Ce magnifique progrès pouvait s'accomplir seulement sous un régime démocratique. Les fonctionnaires doivent donc tout espérer de lui et de la
souveraineté nationale.

La cause des fonctionnaires est sous la sauvegarde de l'opinion publique. Elle s'élève à son tour contre l'arbitraire et le favoritisme, parce qu'elle souffre, elle-même, de la présence, à la tête de nos administrations, de fonctionnaires incapables, inexpérimentés, amenés au pouvoir par la faveur d'hommes politiques ou de grands chefs du personnel administratif, parce qu'elle souffre aussi de l'insubordination et de l'indiscipline de tous les mécontents qui, pouvant compter légitimement sur leurs travaux et leurs mérites, restaient dans les derniers échelons de la hiérarchie et voilà pourquoi les fonctionnaires n'auraient aucune raison pour réclamer et obtenir leur organisation syndicale.

Quel intérêt auraient-ils à régler toutes les questions professionnelles, par exemple l'organisation administrative de la fonction. On veut éviter la constitution de services nouveaux faisant double emploi avec ceux déjà existants qui leur seraient concurrents et rivaux. On désire des réformes. Mais en dehors d'une organisation syndicale, ils pourront les demander, les solliciter et les défendre auprès des pouvoirs publics, par tous les moyens de propagande. Mais, quant à se substituer à ceux-ci ? Non. Après tout, notre Parlement n'a failli à aucune des espérances qu'il avait fait naître. On peut parler bravement, courageusement « de l'incapacité de nos ministres », soit. Mais ce sont les Parlements qui légifèrent. Ils sont les dépositaires de la pensée et des espérances du pays (1).

Bien plus, en même temps que nous avons démontré comment la discipline sombrerait au milieu de l'agitation perpétuelle des syndicats, nous pourrions conclure aussi que l'esprit de camaraderie, l'esprit de solidarité y sombreraient à leur tour. Dans tout organisme il faut une direction, un gouvernement. Chacun voudra y parvenir. Toutes les convoitises seront allumées. L'intrigue jouera un rôle terrible. Chacun se formera et essayera de se former une sorte de clientèle po-

____

(1) Dans un article sur la *Crise du Parlementarisme* paru dans la *Revue hebdomadaire* du 9 mai 1908, n° 19, M. Pierre Baudin, député, défend le travail parlementaire contre les critiques qu'on a pu lui adresser. Il écrit : « A la juger par les apparences, l'œuvre parle-
» mentaire semble vide. Les longues et nombreuses séances de la
» Chambre représentent en effet un effort immense, et le public
» s'étonne que des lois depuis longtemps sur le chantier, et dont
» quelques-unes ont fait l'objet d'un grand nombre d'études et de
» rapports et même de délibérations, restent embourbées ou
» oubliées.
» Naturellement, on rapproche cette intensité de la vie publique
» et l'insuffisance de son rendement ; on croit en découvrir la cause
» dans l'inactivité des députés ou dans le zèle électoral qui absorbe
» leur temps et leurs forces.
» Ainsi formulé et portant sur l'ensemble du Parlement, ce juge-
» ment est parfaitement injuste. Quand on suit de près les journées
» du Palais-Bourbon, on reste frappé de la somme d'intelligence,
» de connaissances pratiques, d'érudition et de labeur qui y est
» fournie.
» Les projets et les propositions de loi sont étudiés par les Com-
» missions avec beaucoup de conscience. Ils font l'objet de discus-
» sions pleines d'intérêt. Les débats publics eux-mêmes témoignent
» que la Chambre réunit une variété de talents et de compétences
» remarquables. »

litique et ainsi, à la division des partis s'ajoute-
ra la haine des partis. Dans les périodes de paix,
les haines pourront se calmer. Mais une vieille défiance, une méfiance mutuelle et réciproque carac-
térisera les rapports des fonctionnaires entre
eux.

Cette objection ne peut se produire pour les
autres syndicats, parce qu'ici les agents de l'E-
tat savent qu'une organisation est nécessaire. L'é-
lection n'aura plus les mêmes difficultés qu'ailleurs. Elle appellera à la direction les plus compétents, les plus capables, et tous s'inclineront
devant eux, parce que ce sera leur intérêt et la
prospérité de l'entreprise qui en résultera.

Mais croyons un instant qu'ils aient conscience de leur devoir et que leurs sentiments de solidarité se fortifient avec le sentiment de leur responsabilité. Si elle existait vraiment, cette solidarité,
après tout elle pourrait assurer le fonctionnement
du syndicat. Grâce à elle, partout les règles qui
auraient été fixées en ce qui concerne l'avancement et l'usage de la répression disciplinaire, seraient respectées.

Mais il faudrait redouter avec juste raison que
cette solidarité ne s'exagère pas et n'arrive à édic-
ter des règles intolérables.

Comme il arrive toujours, au sein de tout groupement, de toute corporation, un certain esprit
se forme. C'est ce qu'on appelle l'esprit de corps.
S'il a le mérite de fortifier la solidarité du groupé,

il a aussi l'effet de créer et de développer, autour de la fonction, une foule de préjugés, une foule de coutumes, traditions, usages, qui tendent à faire de la corporation, une sorte de caste, ayant une mentalité particulière, une discipline particuliè-re qui sera la sanction non seulement des règles professionnelles, mais de ces préjugés, de ces traditions, de ces usages. Ainsi, l'avancement et la répression disciplinaire, exercés par le syndicat, seront la sanction du mérite personnel ou du démérite, mais aussi de l'obéissance ou de la désobéissance aux préceptes de la corporation.

Il suffit d'examiner toutes les associations qui se sont constituées, comme cela se justifie par l'exemple des conseils de guerre. Non seulement leur institution est injustifiée parce qu'ils sont chargés de la répression pénale et que la justice civile, plus logiquement et avec plus de compétence, devrait connaître ces délits qui leur sont soumis, mais au point de vue de la répression disciplinaire, ils ont mérité de très sévères critiques. En usant du pouvoir disciplinaire, ils ont voulu, souvent, donner satisfaction à cet esprit de corps et ainsi nous les avons vus condamner impitoyablement ou acquitter honteusement.

Quelle nouvelle tyrannie succèderait ainsi au régime ancien. Pour se garantir de l'arbitraire, contre lequel, après tout, on pouvait réagir, les fonctionnaires s'exposeraient à la tyrannie d'une collectivité. Mais le problème de la Justice est-il donc insoluble, pour que le progrès que nous croyons avoir établi, doive être racheté par de nouvelles persécutions ?

Ah ! non ! Cent fois non ! Nous préférons le despotisme d'un seul, d'un gouvernement, que celui d'une collectivité. Le despote a recours à la force brutale. Il peut briser son sujet, mais il peut l'oublier. La tyrannie d'une collectivité, c'est le poison lent qui tue. C'est le règlement auquel on n'échappe pas, que l'on heurte à tout moment, qui paralyse notre mouvement, notre vie, notre pensée, et qui nous rendent esclave. C'est la persécution continue, organisée et inattaquable. Contre elle, rien ; impossible de se dresser, parce que chacun en souffre et qu'elle est l'œuvre de tous. On peut se défaire du despote par un coup qui est une surprise. La collectivité est invulnérable et sa persécution plus redoutable.

Le syndicalisme, ce ne serait pas seulement une institution despotique contre la souveraineté nationale. Ce serait une institution despotique vis-à-vis des fonctionnaires eux-mêmes. Ce ne serait plus la condition d'une solidarité professionnelle, plus sincère et plus ardente, mais ce serait l'absorption de toutes les individualités dans une individualité plus considérable où elles viendraient perdre toute leur indépendance, toute leur originalité, toute leur beauté par une discipline étroite, d'étiquette, de faux orgueil professionnel, etc.

Singulier paradoxe que de soutenir que plus

l'homme appartiendra à des groupements, plus il développera son intelligence et ses sentiments sociaux, plus il développera sa personnalité intellectuelle et sa personnalité morale !

Ce n'est pas que nous nions les bienfaits de l'association, mais nous disons que s'il s'associe en vue de travaux littéraires, scientifiques, ne faut-il pas déjà que son intelligence le porte naturellement vers l'étude, et si elle suivait donc sa vocation, elle serait donc capable, isolément, de se spécialiser avec succès dans toutes les branches où sa curiosité naturelle la conduit. Et d'autre part, n'y a-t-il pas à redouter, qu'une fois comprise dans un lien d'association, elle ne perde ses véritables caractères. Partout le despotisme se glisse. L'association, en vue de travaux littéraires, scientifiques, c'est l'école déjà qui se forme, sous la direction d'un maître. C'est une méthode qu'elle inaugure et qui s'impose à chacun, de telle sorte que l'intelligence des membres perdra son propre coloris pour gagner les caractères que lui imprègne l'association ; et que devient la liberté ? l'individu obéissant à un maître qui gouverne, par son influence tous les mouvements de sa pensée.

L'association en vue d'une œuvre humaine quelconque, c'est l'affirmation déjà d'un sentiment assez fort de solidarité qui porte les associés à réunir leurs efforts en vue d'une action qu'ils trouvent belle. Et ce sentiment de solidarité par l'association pourra se fortifier parce que chacun communiquera aux autres sa propre ardeur, son propre zèle, et parce qu'elle est, pour ainsi dire, un engagement qu'ils prennent tous de ne pas se dérober à l'œuvre choisie, à l'œuvre commune.

Oui, s'il s'agit d'une action momentanée et pour laquelle il faut la réunion de forces nombreuses.

Mais s'il s'agit d'une œuvre permanente, la conviction, la pureté de leurs sentiments s'affaiblira parce que l'association aura substitué sa propre initiative à la leur dans l'accomplissement du bien.

Dès le jour où ils seront liés par l'engagement de l'associé, ils feront leurs devoirs mécaniquement, automatiquement, sans aucun effort.

Vive l'indépendance de la pensée et de la conscience !

Et c'est pourquoi, au nom de la liberté, nous devons combattre la doctrine syndicaliste. L'Etat doit dire le droit ; il fixera les limites de la liberté individuelle. Ces limites reposant sur l'intérêt général, lui seul a le droit de les indiquer. Aucune puissance ne doit le substituer à lui. Si nous devons subir la contrainte d'une corporation quelconque, si nous devons obéir à la discipline qu'elle aura établie, c'est une contrainte insupportable ; et le principe, c'est de laisser à chacun le plus de liberté possible.

Aucun bien plus précieux que la liberté. Ce sera la gloire de la Révolution que de l'avoir affirmée et d'avoir proclamé les Droits de l'homme.

CHAPITRE V

DU STATUT DES FONCTIONNAIRES

Nous avons repoussé la thèse syndicaliste, du moins en ce qui concerne les fonctionnaires proprement dits.

Il semble donc que puisque nous ne leur donnons pas le droit de se protéger eux-mêmes par le syndicat, nous devions établir par le statut leur situation juridique, afin de leur donner les garanties dont ils ont besoin.

Ce serait une erreur cependant de croire que le syndicat n'aurait pas dû lui-même, fût-il permis, établir un statut.

Nous avons vu, en effet, que deux solutions pouvaient se présenter. Ou bien le syndicat par le moyen d'élections qui obligeraient tous les membres à intervenir, à l'occasion de chaque cas particulier, serait appelé à se prononcer, soit qu'il s'agisse de nominations, d'avancement ou de répression disciplinaire. Mais ce système est impossible d'abord pour les conflits qu'il soulèvera, le désordre qu'il introduirait dans le syndicat, en second lieu par l'impossibilité où le syndicat serait de rendre complètement la Justice, tous ses membres ignorant les aptitudes et la valeur de chacun et se trouvant par suite incapables de les récompenser par un acte de nomination ou la concession d'un grade nouveau.

A ce système, par conséquent très imparfait, de l'élection intervenant pour chaque cas particulier et sans autre règle que la liberté, il faut substituer une certaine réglementation en ce qui concerne les nominations, l'avancement, la répression disciplinaire, réglementation que le syndicat ensuite n'aurait plus qu'à suivre.

On voit donc que, soit dans notre régime actuel, soit dans le régime du syndicat, un statut sera toujours nécessaire pour fixer les droits et devoirs des fonctionnaires.

Ce statut, devant être réglé suivant les principes de l'équité, peut donc toujours être le même en toutes circonstances, sauf réglementation de détail, sous n'importe quel régime, puisque le principe d'équité ne varie pas.

Mais là, évidemment, où nécessairement des variations, des différences se produisent, c'est en ce qui concerne les moyens d'assurer la protection du statut.

D'abord, si les règles n'ont pas été observées, il faut une sanction, d'où un certain régime répressif qui permettrait d'annuler toutes les illégalités. Mais pour que la Justice soit complète et ne soit pas en souffrance un seul instant, ainsi que nous l'avons dit plus haut, il faut s'assurer que dès le premier moment, ceux qui seront chargés d'appliquer le statut, l'appliqueront exactement, d'où un certain régime préventif.

Ces deux régimes peuvent être réglés différemment suivant les employés de l'Etat. On peut désirer les voir assurés entièrement par une organisation syndicaliste pour les uns, thèse du syndicalisme intégral.

Pour les autres, nous étudierons, en dehors de toute organisation syndicale, comment on pourrait, au contraire, les établir. Et ainsi, nous aurons deux points à étudier.

En premier lieu, quelle doit être la situation juridique des fonctionnaires ?

En second lieu, quelle sera sa sanction ?

*
* *

Nous avons un projet proposé par M. Demartial (1).

Nous avons aussi le projet du gouvernement. M. Jeanneney est le rapporteur de la Commission chargée de l'étudier, dont M. Ferdinand Buisson,

______

(1) Voir à la fin de notre étude les projets du Gouvernement et de M. Demartial.

M. Demartial s'est occupé particulièrement de la question du statut des fonctionnaires. Voir les articles nombreux et remarquables qu'il a publiés dans la *Revue politique et parlementaire* et dans la *Revue de droit public.*

député de la Seine, est un des membres les plus influents.

Pour notre première question, nous avons trois points à examiner :

1° De la nomination ;
2° De l'avancement ;
3° Des peines disciplinaires.

1° *De la nomination*. — La fonction ne doit pas être confiée au hasard à tout candidat. Il faut s'assurer qu'il aura les aptitudes, les capacités nécessaires pour sa nouvelle profession. La marche des services publics ne peut être assurée parfaitement que si l'on met à leur tête des hommes capables, expérimentés, intelligents. Le recrutement du personnel, c'est l'acte le plus grave intéressant la fonction. Mal opéré, il pourrait en compromettre l'avenir. Il est peut-être banal de le formuler ; il n'est pas inutile de le dire et on ne saurait jamais assez prendre de précautions pour le recrutement. A ce point de vue, l'examen et le concours sont deux procédés qui peuvent donner une entière satisfaction.

A ce point de vue, on ne peut établir aucune supériorité de l'un sur l'autre. Suivant les difficultés particulières inhérentes à chaque fonction, on aggravera les difficultés de l'examen et c'est suivant ce même principe que les épreuves du concours seront déterminées. Mais en matière de concours, il peut y avoir des promotions de valeur bien différente. Quelques-unes pourraient présenter ter une infériorité telle qu'à part les deux ou trois premiers, il y aurait une imprudence réelle à accepter les suivants. Non seulement l'épreuve même du concours sera déterminée suivant les mêmes conditions que l'épreuve de l'examen, mais le résultat du concours devra être tel, qu'au dessous d'un certain coefficient qui ne serait pas atteint par les candidats, il n'y aurait aucune admissibilité possible. L'examen et le concours présentent, ainsi entendus, des garanties égales pour le recrutement, et ce serait une erreur de vouloir procéder exclusivement à l'un ou à l'autre.

En même temps qu'on réclame une certaine valeur de la part des candidats, on doit aussi respecter un principe essentiel, on doit l'égale admissibilité de tous les citoyens à la fonction.

Or, le nombre des emplois à donner varie dans chaque administration. Il peut ne pas répondre au nombre des candidats, soit que les candidats soient trop nombreux pour les postes à donner, soit qu'ils soient en nombre insuffisant.

Suivant l'une ou l'autre de ces deux situations, c'est-à-dire suivant que les candidats seront en nombre suffisant ou insuffisant, ou que les emplois à distribuer se trouveront dans la même alternative, il faudra faire appel exclusivement à l'examen ou au concours.

Si nous avons recours à l'examen et que le nombre des candidats dépasse le nombre des postes vacants, toutes les fois que le candidat a atteint, à la suite des épreuves, le coefficient indiqué, on ne peut plus le refuser ; on est tenu de l'accepter. On nous dit bien que l'Etat n'est lié par aucun engagement et qu'il peut, par conséquent, refuser jusqu'à concurrence du nombre des emplois les candidats qu'il lui plaira. Ce serait de l'arbitraire. Le concours, ici, est le seul moyen naturel et juste de sélection.

A ce point de vue donc, c'est une question importante que celle de savoir quand nous devons avoir recours à l'examen ou au concours. Elle est importante à cause de certaines éliminations qui devraient être prononcées. Avec le concours, la sélection a lieu normalement, équitablement ; avec l'examen, aucune règle et, par conséquent, entière liberté de l'autorité.

Or, notre principe, c'est que, quelles que soient les garanties que nous offre l'autorité compétente nouvelle qu'on nous propose et qui déciderait s'il faut procéder à l'examen ou au concours, nous ne devons pas nous reposer uniquement sur la promesse qu'elle nous fait de juger impartialement en toute équité. Il ne s'agit pas d'élaborer le statut en tenant compte de la protection que nous trouvons pour son application auprès de l'autorité compétente. Nous ignorons cette autorité compétente. Nous ignorons sa valeur. Nous ne croyons simplement qu'à l'arbitraire contre lequel nous devons réagir par une réglementation aussi précise, aussi minutieuse que possible, de façon à ce que toutes les difficultés possibles soient prévues.

De même que nous demandons, ainsi que nous l'indiquions plus haut, à ce que l'on indique exactement les conditions d'admissibilité à la fonction, de même nous demandons à ce que l'entrée dans toute administration ne soit possible qu'à la suite d'un concours. Nous rejetons l'examen parce que nous ne connaissons aucune autorité qui puisse le demander ou le repousser dans les circonstances où il est nécessaire, ou, au contraire, dans celles où on doit lui substituer le concours, parce que a priori nous ne croyons pas qu'elle puisse se rencontrer, cette autorité impartiale. De parti pris, nous la nions ; libre à nous de la rechercher ensuite et d'espérer en trouver une. Nous repoussons donc l'examen, nous lui préférons le concours.

Dans l'article 6 de son projet, M. Demartial dit : « Nul ne peut être admis dans une catégorie de fonctions, par voie de première nomination, que sous la double condition d'avoir :

» 1° Eté agréé par l'autorité compétente ;

» 2° Justifié qu'il possède la capacité initiale nécessaire. »

En ce qui concerne la 2ᵉ condition, bien. Mais que signifie la première ? Etre agréé par l'autorité compétente ? Si l'autorité compétente n'a d'autre rôle que de venir constater, par un acte de nomination, les résultats et par conséquent le droit qui résulte pour un candidat à la suite de l'examen ou d'un concours heureux ! Oui.

Mais si cette autorité compétente avait le droit d'intervenir avant toute épreuve et d'établir un choix elle-même, une sélection parmi les candidats à l'examen ou au concours, ce serait une condition d'admissibilité absolument arbitraire.

Or, l'article 7 du projet laisserait supposer que l'article 6, en exigeant cette condition, a bien ce dernier sens. En effet, il dit : « Toute personne dont la candidature à un service public est écartée, a le droit de connaître les motifs de ce rejet. » Ce dernier article paraît laisser croire que l'admissibilité à une fonction ne peut être accueillie, non seulement à la suite d'épreuves spéciales, mais que l'autorité compétente a le droit de faire d'autres appréciations avant de se prononcer.

Sans doute, il est nécessaire que le candidat, en outre d'une capacité initiale, ait une certaine moralité qui autorise l'Etat à lui confier une fonction. Mais l'élément d'appréciation ne saurait être cherché que dans le casier judiciaire. Est-il intact ? Il n'y a plus d'autres considérations à envisager. Si l'article 6 eût donné cette précision, il n'était plus contestable. Comme il ne la donne pas, et qu'au contraire il est assez imprécis et vague, il devient dangereux. Il devient dangereux ou inutile suivant les garanties que nous présentera l'autorité compétente.

Nous avons admis exclusivement le concours

comme condition d'admissibilité (1). Mais, contrairement à l'article 9 du projet de M. Demartial, nous disons que le concours seul est suffisant, et qu'il serait en même temps inutile et injuste d'exiger la production de certificats ou de diplômes.

Ce serait inutile parce que rien ne saurait assurer une sélection aussi parfaite que le concours.

Ce serait injuste parce que l'on éloignerait du concours ceux qui ne seraient pas pourvus de ces certificats ou de ces diplômes. On éloignerait des candidats qui, au début de leur carrière, n'auraient pas été favorisés par les circonstances, et n'auraient pu, ainsi, s'attacher à conquérir des titres. Cependant, dans la suite, l'expérience de la vie et une volonté remarquable au travail auraient pu développer, chez eux, de véritables qualités, révéler en eux-mêmes de véritables talents. Exiger la production de diplômes, de titres, ce serait continuer l'injustice des premiers jours, pendant lesquels, soit pour défaut de ressources ou pour d'autres causes malheureuses, notre candidat ne pouvait rechercher des titres universitaires. Ce serait donner à ceux-ci une valeur qu'ils ne peuvent avoir et priver enfin l'Etat des services d'hommes, peut-être de grande valeur.

Il est vrai que dans nos facultés, dans toutes

____

(1) C'est aussi l'opinion de notre ami, M. Floirac, ancien président du Comité radical-socialiste de Montpellier, dans un discours qu'il a prononcé et qui doit paraître bientôt.

nos écoles gouvernementales, il se forme une élite
intellectuélle destinée nécessairement à occuper les
principaux postes de notre administration. Mais
devons-nous nier, cependant, qu'en dehors de cette
sphère d'études une autre élite intellectuelle ne
puisse se former, libre de la discipline et de la
méthode d'un maître, au contact seulement des nécessités de la vie, au milieu des épreuves, des luttes, des rudes combats qu'elle oblige chacun de
nous à soutenir. Notre système est donc bien plus
démocratique.

Sans doute, il ne faut pas être injuste vis-à-vis
de ceux qui sont pourvus de titres ou de diplômes. Ils sont presque toujours le couronnement de
longues années de travail, qui ont absorbé la plus
belle partie de la jeunesse. Ils lui ont demandé bien
des sacrifices, et ce long labeur, qui a porté ses
fruits, doit avoir sa récompense. Il ne peut cependant, comme récompense, leur donner un privilège et, pour ainsi dire, une sorte de monopole sur
la fonction, si celle-ci était interdite à ceux qui ne
sont pas pourvus des mêmes titres qu'eux-mêmes. Les titres universitaires pourront être invoqués, mais seulement quand il s'agira de leur avancement, pour lequel il leur donnera un certain coefficient de plus qu'à tous ceux qui se trouvent en
même ligne. De même qu'en matière de concours
d'admissibilité, si deux candidats arrivaient avec
une note égale, celui qui serait choisi serait précisément le candidat muni de diplômes ; il aurait un
droit de préférence.

Le concours, c'est donc la règle générale.

Cependant, il est des circonstances où le concours ne peut être exigé et où la fonction doit être librement accordée.

En matière de nationalité, aucun étranger ne peut acquérir la nationalité française, s'il ne remplit pas certaines conditions, de séjour, etc. Mais voici un étranger qui a rendu de très grands services au pays. N'est-il pas juste de le récompenser, et, supprimant pour lui toutes les conditions de la loi, lui reconnaître le titre de citoyen français ?

Il doit en être de même dans notre administration. Des citoyens auront-ils rendu des services particuliers ? Que ce soit un titre et un titre suffisant pour occuper un poste dans l'administration. Mais cette récompense doit être exceptionnelle. Malheureusement on en fit des abus. Il faut établir des limites.

Le projet de M. Demartial, article 12, est assez satisfaisant à ce point de vue. Il établit une double limite et, par conséquent, une double garantie.

Article 12 : « Une proportion des emplois de percepteur, receveur particulier et de trésorier général, est attribuée aux citoyens ayant rendu des services publics gratuits. »

1° Une certaine proportion. C'est la première garantie. M. Caillaux, ministre des Finances, statue sur ce point dans une circulaire relative aux percepteurs 1908. Il explique qu'à certaines époques, toutes les perceptions hors classe ou de première classe ont été attribuées à des candidats de l'extérieur à l'exception de ceux de la carrière. Il décrète donc, en premier lieu, que la moitié seulement des perceptions hors classe, pourra être attribuée aux candidats extérieurs, de même que la moitié des perceptions de première classe et le huitième des perceptions de deuxième classe. Cette proportion est-elle définitive ? Il n'appartient pas au ministre de la fixer. C'est à la loi à trancher cette question avec l'obligation de réduire cette proportion autant que possible.

2° Aux citoyens ayant rendu des services publics gratuits. On écarte ainsi tous les fonctionnaires, comme les préfets, sous-préfets, etc.

2° *De l'avancement.* — Pour réagir contre l'arbitraire, quelques publicistes, qui s'étaient occupés de la question, voulaient complètement rejeter le principe de l'avancement au choix et le fonder exclusivement sur l'ancienneté. Il est certain que l'avancement à l'ancienneté se ferait mathématiquement avec une rigoureuse symétrie. Par un même mouvement d'ascension, tous les fonctionnaires successivement s'achemineraient vers les grades supérieurs.

D'autre part, ce système-là eût été entièrement contraire à l'intérêt général. Il n'aurait pas amené parmi le personnel cette sélection successive qui doit se produire au fur et à mesure que l'on gravit un échelon de la hiérarchie et qui amène à la tête des services des hommes plus capables d'endosser une responsabilité au fur et à mesure que cette responsabilité s'aggrave à son tour.

Le système du choix déterminé par une autorité quelconque est dangereux ; mais si on l'abandonne pour adopter celui de l'ancienneté, c'est aller de Charybde en Scylla.

La question change davantage, si le choix appartient à une autorité impartiale. Nous devons donc l'adopter, mais en le combinant cependant avec l'ancienneté.

Quel sera le mode de calcul ?

Dans l'article 15 de son projet, M. Demartial propose : « Les fonctionnaires de chaque grade sont inscrits au tableau d'avancement dans l'ordre résultant à la fois de leur ancienneté effective et des majorations d'ancienneté qui ont pu leur être attribuées en raison de la valeur particulière de leur service. »

Nous n'adoptons pas ce mode de calcul, parce que, en réalité, il ne combine pas l'avancement au choix et à l'ancienneté. Il consacre, au fond, le principe du choix. En effet, il ne donne pas un droit certain à l'ancienneté, qui peut se voir continuellement dépassée par des majorations attribuées à la suite de services particuliers. Ce qu'il faudrait par conséquent, c'est décréter, suivant le système que nous proposons ou un système voisin, ce qui existe déjà dans certaines administrations, que les fonctionnaires, au bout d'un certain nombre d'années de séjour dans un grade, auraient droit au grade supérieur. On n'aurait plus qu'à indiquer le temps nécessaire pour passer d'un grade à un autre. Le fonctionnaire aurait ainsi un droit certain. Avec les majorations d'ancienneté qui pourraient être accordées à tous ses collègues, il pourrait longtemps piétiner sur place.

Le tableau d'avancement sera réglé par une autorité supérieure. Comme le choix est assez difficile à établir, il faut nécessairement entourer cette autorité supérieure de tous les moyens d'information possibles, mais toujours réguliers. Chaque année, sur chaque fonctionnaire, elle recevra les notes qu'il a méritées et que, successivement, les chefs hiérarchiques auront fournies. Il n'est pas, cependant, question de ce détail dans le projet de M. Demartial. Afin d'en établir la sincérité, aucune note appréciant les qualités professionnelles de chaque fonctionnaire ne pourra parvenir à l'autorité supérieure, sans avoir été communiquée préalablement au fonctionnaire lui-même, afin qu'il puisse les discuter. Il ne suffit pas de mettre à sa disposition son dossier, il faut lui permettre de défendre ses droits à tout instant. Il s'agit, d'ailleurs, du travail préparatoire des tableaux d'avancement, et il convient que ce travail préparatoire soit aussi parfait que possible.

L'article 15 du projet dit : « Les règlements organiques déterminent, pour les fonctionnaires de chaque grade, celui de leurs supérieurs hiérarchiques auquel appartient l'initiative de les proposer pour une majoration.

» Les propositions sont appuyées de motifs précis, et portées telles quelles à la connaissance du personnel. »

Cet article est également critiquable, il n'appartient pas au chef hiérarchique de proposer le subalterne à l'avancement.

La première raison, c'est que tous les fonctionnaires, en principe, sont proposés pour l'avancement, et qu'il appartient à l'autorité supérieure de dire lesquels recevront un avancement effectif. D'ailleurs, toute proposition à l'avancement ne peut être faite qu'en tenant compte de la situation de tous les autres et des droits particuliers qu'ils peuvent invoquer. Le chef hiérarchique qui serait désigné ne connaît seulement que les titres de ses subalternes et il ignore totalement si, dans les autres directions, il n'y en a pas qui aient des titres égaux ou supérieurs.

D'autre part, si l'on reconnaissait au chef hiérarchique le droit de proposer l'avancement, on lui donnerait une importance qu'il ne peut, qu'il ne doit pas avoir. Que lui permet sa qualité de chef ? De donner des ordres, apprécier l'intelligence et l'habileté avec lesquels ils sont exécutés par son subordonné. Ainsi, entre le chef hiérarchique et le subordonné, il n'y a que des relations dont l'objectif exclusif est le bon fonctionnement de l'administration. La hiérarchie administrative n'a pas été créée pour affirmer la supériorité morale ou intellectuelle d'un homme vis-à-vis d'un autre. Elle existe pour assurer uniquement le fonctionnement et la régularité dans les services administratifs. Par conséquent, où le chef hiérarchique puiserait-il le droit d'apprécier si une récompense est méritée ou non par son subordonné? Il ne possède d'abord aucun élément d'appréciation et, enfin, nous devons, dans la mesure où le service ne s'y oppose pas, tempérer le devoir de subordination. Si le chef hiérarchique pouvait proposer pour l'avancement, il y gagnerait trop d'ascendant sur son subordonné, qui tomberait, vis-à-vis de lui, dans une trop grande sujétion. Par conséquent, seule, l'autorité qui centralise toutes les notes, tous les dossiers de tous les fonctionnaires, a le droit, d'après nous, de proposer l'avancement et de l'accorder. Contre ces propositions aucun recours, l'autorité centrale décidant ici souverainement. Le droit d'intenter le recours ne peut être possible logiquement que contre le tableau d'avancement, définitivement achevé.

A ce dernier point de vue, il serait très utile que le recours puisse être adopté très largement par tous les fonctionnaires.

Quant aux autres parties du Titre III du projet de M. Demartial, nous les adoptons entièrement.

3° *Peines disciplinaires.* — Parmi les peines disciplinaires et celles du premier degré, on remar-

que, dans le projet, d'abord la censure, les amendes dans la limite du sixième du traitement. Nous
n'admettons pas non plus le principe de l'amende,
de la réduction du traitement. L'Etat a promis un
traitement aux fonctionnaires. Il doit le leur fournir entièrement jusqu'au bout. Il a jugé que dans
sa quotité il leur était nécessaire pour vivre dé-
cemment et dignement. Il serait contradictoire
que par mesure disciplinaire il le réduisît dans
quelque faible proportion que ce soit.

Non pas qu'il faille considérer le traitement comme un droit acquis, et par conséquent définitif.
L'Etat, au contraire, pourra toujours le modifier suivant les événements et les circonstances de
la vie extérieure. Mais il ne pourrait le modifier
que par voie de disposition générale qui s'applique-
rait à tous les fonctionnaires de la même catégorie, et non pas par voie de mesures exceptionnel-
les sous forme d'amende, de mesures disciplinaires, etc.

La suppression, la réduction du traitement ne
peut avoir lieu que dans le cas de suppression de
la fonction.

A ce point de vue, le projet du gouvernement
est supérieur à celui de M. Demartial ; il contient,
en effet, dans son article V : « La suppression
totale, ni partielle, ni temporaire du traitement, ne
peut être, sauf dans le cas de suppression de la
fonction. »

Toute peine disciplinaire, quelque faible qu'elle

soit, doit être motivée. Ainsi que le réclament les deux projets, une instance doit s'engager à la suite de laquelle le fonctionnaire sera appelé à se disculper, à se défendre par tous les moyens ordinaires de défense en justice.

Le fonctionnaire ne pourra être frappé que pour faute professionnelle ou manquement à la dignité, à la moralité de la fonction qu'il exerce.

D'autres motifs ne seraient pas valables et tous les fonctionnaires, quels qu'ils soient, doivent jouir des mêmes garanties. Nous rejetons donc entièrement l'article 27 du projet :

« Toutefois, y est-il écrit, les secrétaires généraux ou directeurs de ministères, les directeurs généraux d'administration, les ambassadeurs et chefs de légation, les procureurs généraux près les Cours d'appel, les préfets, les gouverneurs, peuvent être mis en disponibilité pour raisons d'ordre gouvernemental. »

Quelles seront ces raisons d'ordre gouvernemental ? De quel droit ces fonctionnaires seraient-ils soustraits au droit commun ? L'Etat a une mission de droit ; pour la remplir, il a besoin de ces agents. Il ne peut les punir que s'ils manquent à leur devoir, s'ils ne font pas le droit. Mais il n'y a aucun intérêt gouvernemental à satisfaire ou à protéger. Aucune situation particulière pour le préfet, le gouverneur, les directeurs généraux, ni les procureurs généraux.

C'est une transaction que fait le projet à ce

point de vue, entre le régime ancien et le régime
nouveau, entre les traditions d'injustice et le besoin actuel d'équité, le gouvernement éprouvant
des difficultés à renoncer à l'autorité qu'il exerçait sur ses propres agents et qui lui permettait
d'exercer tant d'influences. Les préfets furent
toujours les créatures du gouvernement ; dé même
que le gouvernement s'efforça d'avoir toujours la
main-mise sur les procureurs. Tandis que les juges obtenaient l'inamovibilité, les procureurs furent de tous temps révocables. Ce système-là était
contradictoire. On essayait de le justifier en disant que l'action pénale étant intentée par la société, par l'organe du ministère public, le gouvernement devait pouvoir commander à ses fonctionnaires du parquet, de la mettre en mouvement toutes les fois qu'il était nécessaire. On oubliait, d'un
autre côté, que c'était aussi pour le gouvernement
un moyen de l'intenter arbitrairement contre les
citoyens qu'il détestait et dont la liberté individuelle se trouvait ainsi exposée à ses menaces. Un
véritable régime d'équité eût dû étendre l'inamovibilité des juges à tous les fonctionnaires du parquet.

D'autre part, l'article 27 est curieux. Les
préfets, etc., peuvent être mis en disponibilité
pour raison d'ordre gouvernemental, mais il ajoute
que, mis ainsi d'office en disponibilité, ils auront
droit à un traitement qui est fixé par les règlements. Ainsi, l'Etat frappe une catégorie de fonc-

tionnaires, mais en même temps il frappe le budget. Ceci est inexplicable.

Telles sont les remarques que nous suggèrent ces deux projets, relativement au statut.

Nous aborderons la deuxième partie de notre critique.

*
* *

Une question se pose : De quelle manière cette réglementation sera-t-elle assurée ? Est-ce par une loi ou simplement sera-ce une réglementation par décrets ou plutôt par décrets en Conseil d'Etat ?

Une réglementation par décrets sera insuffisante parce qu'il sera toujours possible au gouvernement de revenir sur elle. Le Conseil d'Etat serait-il entendu comme on l'a proposé, et aucun décret ne pourrait-il être modifié sans son avis, sans son veto, cette réglementation ne paraîtrait encore donner aucune sécurité. Elle semblerait contenir comme une arrière-pensée du Gouvernement, qui n'aurait pas osé consacrer dans la loi la protection qu'il devait aux fonctionnaires. La question ne fait pas de doute. Il faut une loi. Elle sera une véritable manifestation énergique et sincère de la volonté de l'Etat.

Quelle sera la sanction du statut des fonctionnaires ?

Quelle est celle que propose M. Demartial ?

Il propose l'institution du Conseil du personnel.

« Tout dépositaire de l'autorité ayant qualité pour

13

nommer ou révoquer sera assisté d'un Conseil consultatif, qui représente auprès de lui les intérêts des fonctionnaires.

» Ces Conseils sont composés, moitié de membres de droit, moitié de membres élus.

» Enfin, les membres de droit sont pris parmi les fonctionnaires les plus élevés en grade et suivant leur ordre d'ancienneté.

» Le plus ancien préside le Conseil et a voix prépondérante.

» Les membres élus sont répartis de manière que chaque grade soit représenté. »

Ces conseils du personnel assisteront donc l'autorité compétente toutes les fois qu'elle devra nommer de nouveaux titulaires. Ils l'assisteront pour la rédaction des tableaux d'avancement. C'est ainsi que « les propositions sont appuyées de motifs précis et portées telles quelles à la connaissance du personnel.

» Après avoir pris l'avis du conseil du personnel sur les recours qui pourraient lui être adressés à l'occasion de ces propositions, l'autorité arrête définitivement la liste des majorations à attribuer. »

Enfin, en matière disciplinaire, les Conseils du personnel n'interviendront que pour les peines du second degré, c'est-à-dire rétrogradation, mise à la retraite d'office, révocation ; et ils sont constitués en premier ressort. En appel, il y aurait une Cour disciplinaire composée de deux sénateurs, deux députés, deux conseillers de la Cour de cassation, deux conseillers d'Etat, élus par leurs collègues.

Ce système a cru concilier les intérêts des fonctionnaires et ceux de l'Etat.

Nous examinerons leur constitution et leur rôle.

Leur constitution prête beaucoup à la critique. Cette critique s'inspire déjà de précédents. Il suffit de se rappeler quelle fut l'organisation successive du Conseil d'Etat et du Tribunal des conflits. Tant que les membres du Gouvernement faisaient partie du Conseil d'Etat, du Tribunal des Conflits, les arrêts de ces tribunaux s'en ressentaient ; l'influence gouvernementale était manifeste. Aujourd'hui, on ne cesse pas encore de protester contre la présidence du Tribunal des conflits laissée au ministre. On redoute son influence au sein du Conseil qui, cependant, est indépendant ; on redoute cette tendance à la servitude des hommes dès qu'ils se trouvent auprès d'un détenteur, d'un représentant de l'autorité.

Cette même critique, nous pouvons la faire aux conseils du personnel, qui n'auront aucune initiative propre, aucune indépendance et se verront liés à l'autorité, au chef du Gouvernement.

Cette critique générale se confirme si nous examinons même la composition du conseil, formée moitié de membres de droit qui sont les fonctionnaires les plus élevés en grade, et dont le plus ancien présidera le Conseil avec voix prépondérante.

Des membres de droit ! Ce sont, en réalité, des

créatures du gouvernement ; et comme ils sont précisément ceux les plus élevés en grade, ce sont les directeurs des grandes administrations.

Or, ces directeurs, qui administraient autrefois avec le ministre, dirigeaient le personnel, et n'hésitaient pas à s'incliner devant la volonté arbitraire du Gouvernement, nous donneront-ils plus de garanties à l'heure actuelle parce-qu'ils seront organisés en Conseil ?

Avec eux, le vieil esprit d'autoritarisme persistera. L'instinct de domination est naturel à l'homme, et cet instinct s'aggrave au fur et à mesure qu'il exerce une domination de plus en plus réelle et effective. M. Hauriou disait que le droit de la fonction publique a tendu toujours à s'orienter du côté du droit réel. Et pourquoi ? Parce que c'est une tendance naturelle du fonctionnaire de considérer que la fonction est presque un droit réel ; parce que c'est une tendance naturelle d'exagérer les pouvoirs qu'il peut exercer sur le personnel et de considérer que ce personnel doit lui être entièrement soumis, comme s'il était son propre bien.

Ainsi donc, avec les Conseils du personnel, le grand chef, comme toujours, sera le grand manitou devant lequel les fonctionnaires devront s'incliner et faire des bassesses. Que le grand chef décide seul des nominations, des tableaux d'avancement, ou qu'il en décide dans l'intérieur du conseil du personnel, il possèdera toujours la même liberté, la même indépendance.

Leur contact permanent avec les ministres, avec le Gouvernement, les encouragera toujours dans la voie des concessions et des faiblesses. Et cela n'est-il pas d'autant plus vrai que, suivant l'article 27 du projet, les directeurs généraux d'administration pourront être mis en disponibilité pour des raisons d'ordre gouvernemental, c'est-à-dire s'ils ne consentent pas, au Gouvernement les concessions et les faiblesses qu'il leur réclame.

Les seuls éléments sur lesquels on pourrait espérer compter dans ces Conseils du personnel, ce seraient les membres élus. Mais que pourraient-ils faire puisqu'ils constituent la minorité. C'est donc un système bien éphémère et bien illusoire que cet organisme, chargé de prévenir toute injustice, soit en matière de nomination, soit en matière d'avancement, soit en matière de répression disciplinaire. Il n'a donc, jusqu'à présent, qu'une valeur morale, mais il n'a pas la valeur d'une institution positive.

Ce résultat serait-il différent si le Conseil était composé uniquement de membres élus ? Dans le système de M. Demartial, l'avis de ces Conseils du personnel ne serait pas obligatoire pour l'autorité. Elle resterait libre de continuer les anciens abus. Ils pourraient, il est vrai, protester ; mais dans l'état actuel, ce n'est plus l'opinion publique que nous recherchons comme garantie, c'est une institution elle-même.

Et si leur avis devenait obligatoire, le conseil du personnel devient souverain, mais nous sommes ramenés à la critique que nous avons faite du syndicalisme intégral. Les fonctionnaires se jugeraient, se nommeraient eux-mêmes ; tous les arguments que nous avons fournis doivent être invoqués à nouveau.

D'une Magistrature suprême

Deux systèmes différents ont été proposés. D'après le premier, le syndicat déciderait souverainement de la nomination, de l'avancement, de la répression disciplinaire, substituant ainsi un régime complètement nouveau à l'ordre ancien.

Le second système, c'est l'institution de conseils du personnel, quelle que soit leur composition, qui assisteront l'autorité dans la plupart de ses décisions, afin qu'elle ne s'écarte pas des règles établies par le statut. C'est un léger tempérament à la situation antérieure, tempérament bien faible ainsi que nous l'avons vu et qui laissera toujours l'autorité, le gouvernement entièrement indépendant.

Si nous repoussons ces deux systèmes, nous ne pouvons cependant nous contenter de l'organisation du Conseil d'Etat et de la protection qu'il offre assurément aux fonctionnaires. Une fois que le statut sera élaboré et consacré par la loi, aucun fonctionnaire n'hésitera plus, il est vrai, à s'adresser au Conseil d'Etat s'il était victime d'un abus de pouvoir. En d'autres temps, au contraire, il ne l'aurait pas osé, ou du moins, il l'aurait osé très timidement parce que l'administration supérieure était tentée de considérer comme un acte d'insoumission, d'indiscipline, toute tentative de défense, toute protestation contre une illégalité.

Mais en appeler au Conseil d'Etat, lui demander l'annulation d'actes illégaux, illégitimes, c'est exercer seulement une action répressive. C'est vouloir frapper l'abus de pouvoir après qu'il a été commis, après qu'il a été produit. On ne peut se contenter, fût-elle parfaite, efficace, de cette action. Il faut prévenir l'abus dé pouvoir, prévenir l'illégalité, par des institutions qui, se faisant contrôle les unes sur les autres, les rendent impossibles. Ainsi que nous le disions plus haut, il faut assurer le droit de façon à ce qu'il soit accompli mécaniquement, automatiquement et nécessairement par le simple fonctionnement des rouages administratifs.

Cette organisation préventive, les uns ont voulu la chercher et la trouver, soit dans une organisation syndicale absolue, soit dans l'institution de conseils du personnel, assistant l'autorité supérieure. Ainsi ces deux opinions nous laissent seulement le choix entre deux thèses excessives, exagérées. L'une donne tout pouvoir aux fonctionnaires et l'Etat n'est plus rien ; l'autre, sous des apparences de progrès et d'équité, maintient la toute-puissance du Gouvernement.

Quel organisme allons-nous leur substituer ? Telle est la question.

Mais avant de la résoudre, nous ne devons pas oublier un principe : c'est que notre solution ne devra venir en aucune manière porter atteinte à l'intégrité de l'Etat. Sa force de commandement doit rester intacte parce que la souveraineté est une et indivisible.

Avant de la résoudre, nous devons rechercher aussi quelle est la nature juridique de l'acte de nomination, de celui qui accorde l'avancement ou décide contre le fonctionnaire d'une peine disciplinaire.

Pour connaître la nature juridique de ses divers actes, on n'a qu'à se reporter à la nature de l'action de l'Etat.

La mission essentielle de l'Etat est de dire le droit. En principe, il n'est pas une puissance intéressée, il est une puissance qui agit gratuitement. Il ne peut donc agir qu'en affirmant le droit par les lois et qu'en s'efforçant d'obtenir l'obéissance à ces lois. L'Etat est donc appelé à examiner des situations particulières et à s'informer si elles constituent une atteinte au droit. Il est donc appelé à rendre des jugements pour lesquels il emploiera la force. L'Etat, dans sa conception pure, légifère, juge et emploie la force. L'emploi de la force, c'est un acte matériel. Quand donc la puissance publique ne légifère pas et n'emploie pas la force, elle juge.

L'acte de nomination, par exemple, c'est l'acte

par lequel on reconnaît que tel individu remplit
les conditions nécessaires pour occuper une fonction. Les conditions étant observées, l'Etat est lié.
Il y a obligation pour l'Etat de les consacrer par
une nomination, car toutes les fonctions sont ac-
cessibles à tous et cette libre accessibilité est un
droit pour tous les citoyens. L'acte de nomination,
c'est un acte de juridiction et non pas un acte administratif. (En droit public, nous nions l'existence
de l'acte administratif.) Ce n'est pas non plus un
acte matériel, parce que l'accès à toute fonction
exigeant certaines conditions préalables, il faut
constater l'existence de ces conditions. On ne peut
le faire que par l'acte de nomination. L'acte de
juridiction constate une situation juridique antérieure.

Puisque les actes de nomination, d'avancement,
etc., sont des actes de juridiction, ils doivent être
établis suivant des formes et des règles juridictionnelles.

La première idée est donc celle-ci, c'est que ces
actes de juridiction, ces sortes de jugement, ne
peuvent être rendus par les intéressés eux-mêmes.
Nul ne doit se faire justice à soi-même. Si nous
voulons donc que ces actes de juridiction soient
accomplis suivant des principes d'équité et de justice, il faut les entourer des formes et de règles
juridictionnelles, où ils trouveront toutes les garanties.

Il faut donc créer un tribunal suprême qui, en-

tièrement indépendant de la pression gouvernementale en même temps que de la corporation des
fonctionnaires, jugera, se prononcera en toute
équité comme une puissance neutre qui n'a d'autre désir que d'être juste vis-à-vis des parties.
C'est une sorte de développement du Conseil d'E-
tat que nous réclamons.

Ce tribunal suprême n'aura d'autre compétence
que de nommer les fonctionnaires, rédiger les tableaux d'avancement, et exercer le pouvoir disciplinaire. A ces trois points de vue, des difficultés de détail inhérentes à chaque administration
peuvent se produire. C'est pourquoi l'organisation intérieure de ce conseil comprendra plusieurs
sections correspondant chacune à une branche particulière de l'administration. Elles se réuniront
séparément ou dans des assemblées générales, suivant la gravité des décisions à prendre. D'ailleurs,
à cet égard, nous ne soumettons simplement que
l'idée, nous contentant d'une esquisse rapide de
ce haut tribunal.

Mais nous pensons que son institution serait
nécessaire pour obtenir une application absolue
du statut. Elle sera l'arbitre attendu au milieu des
difficultés qui nous entourent.

Le fonctionnement actuel du Conseil d'Etat, le
rôle magnifique qu'il a rempli jusqu'à ce jour au
milieu de notre démocratie et grâce auquel il est
devenu le suprême défenseur de la légalité, nous
permet d'espérer que le haut tribunal dont nous

proposons l'institution, ne lui serait pas inférieur, que comme lui il mettrait tout son orgueil, toute sa gloire à rendre la justice.

L'idéal du devoir pour le devoir est un idéal peu accessible encore à la masse. Le développement de la pensée laïque, tombant successivement toutes les superstitions qui en arrêtaient le progrès, peut nous promettre dans un avenir plus ou moins éloigné, le triomphe de cet idéal. Aujourd'hui, il n'est que le privilège d'une faible élite, faible élite de penseurs et d'intellectuels, qui, sentant leur infime minorité, exagèrent et donnent plus de prix et d'énergie à leur action morale.

Ceux qui nous proposaient le syndicalisme intégral, nous demandaient en réalité, uniquement, un acte de confiance ; et malgré nous, nous ne pouvions le leur accorder, non pas que nous doutions d'eux-mêmes, mais parce que nous doutions d'abord de l'institution qu'ils proposaient et qui, loin de calmer les passions, les aurait peut-être surexcitées, et parce que aussi, connaissant les faiblesses de la nature humaine, nous ne pouvions croire, étant donnée notre moralité actuelle, qu'à un faux héroïsme, qu'à une fausse sagesse de l'homme.

Mais cette faible élite, nous pouvons cependant la rechercher. Après l'avoir découverte, nous pouvons la fortifier dans son idéal, dans ses pratiques d'équité, par l'orgueil que nous soulèverons en elle-même d'avoir mérité la reconnaissance publique.

Nous pourrons d'autant plus la seconder que nous l'aurons soustraite à ses propres faiblesses, que nous l'appellerons à juger des questions où elle n'est pas intéressée.

Notre institution laissera subsister à côté d'elle le Conseil d'Etat actuel avec la même fonction, mais elle entraînera nécessairement quelques modifications relatives à l'indépendance qu'on doit lui donner et à son organisation intérieure.

Comment se recruteront nos nouveaux magistrats ? On établira pour eux-mêmes un statut qui pose des règles assez sévères ; le choix se portera particulièrement parmi les professeurs de Facultés ; nous éloignerons tous les membres actifs des grandes administrations ; seuls, ceux qui en sortiraient après une longue carrière de labeur et de services, seront admis. Enfin, c'est le principe de l'autorecrutement que nous adoptons après l'avoir entouré de bien de précautions.

Les membres de ce haut tribunal occuperont une situation égale. Aucune supériorité des uns sur les autres ; dans chaque section, tour à tour, ils présideront ; seul, le président et les vice-présidents de l'Assemblée générale seront désignés par l'élection.

Au point de vue disciplinaire, le tribunal pourra procéder à l'élimination des membres qui trahiraient leurs devoirs. Ceux-ci pourraient faire appel devant une autre Assemblée, composée de membres de ce tribunal et de membres du Conseil d'Etat.

Une réglementation plus détaillée fixerait ces dernières questions. Enfin, le Gouvernement pourrait ordonner au Tribunal suprême d'examiner et de se prononcer sur le cas particulier d'un de ses membres qui posséderait la même voie de recours que plus haut. D'un autre côté, si le Tribunal avait traduit spontanément devant son assemblée générale pour un motif disciplinaire un de ses membres et que la décision qu'il aurait prise ne satisfasse pas le gouvernement, celui-ci pourrait en appeler à son tour devant le Conseil supérieur que nous avons indiqué.

CONCLUSIONS

Qu'il nous soit permis de résumer rapidement les conclusions que nous avons adoptées.

Nous avons distingué parmi les agents de l'Etat, ceux qui avaient des intérêts nettement économiques et ceux qui collaboraient à l'œuvre essentielle de droit de l'Etat.

A tous nous avons reconnu le droit de s'associer en vue de la défense de leurs intérêts professionnels, ou de se syndiquer, à condition que le droit de se syndiquer ne signifie pas autre chose que le droit de s'associer.

Mais quand on nous propose de réaliser l'idéal du syndicalisme intégral, c'est-à-dire quand on revendique pour tous les agents, quels qu'ils soient, de l'Etat, le pouvoir de constituer des syndicats autonomes, avec une autonomie plus ou moins complète, nous sommes obligé de conclure par une distinction, suivant que nous posons la question pour les fonctionnaires proprement dits, ou suivant que nous la posons pour les agents ordinaires de l'Etat.

A ceux-ci nous faisons toutes les concessions à cause de la thèse économique que nous soutenons et de l'idéal économique que nous désirerions que l'Etat poursuivît. Quant aux fonctionnaires proprement dits, nous estimons que la formation de syndicats plus ou moins autonomes serait la destruction même de l'Etat, la destruction même de la liberté.

Il leur suffira pour obtenir toutes les garanties auxquelles ils ont droit, qu'un statut légal soit élaboré et vienne réglementer leur situation juridique. En faisant abstraction de toute la critique que nous avons faite sur les projets déposés, la principale réforme que nous souhaitons pour les fonctionnaires de l'Etat dans l'administration, c'est de voir consacré par le statut le principe d'une plus grande division du travail, grâce à laquelle nous enlèverons au pouvoir hiérarchique le pouvoir disciplinaire et le pouvoir de participer à la nomination ou à l'avancement des fonctionnaires, à l'occasion desquels, malgré une réglementation assez précise, des injustices peuvent encore se produire si l'autorité qui est chargée d'observer cette réglementation, n'offre pas toute la sécurité voulue.

Nous avons indiqué pour quelles raisons les chefs de la hiérarchie administrative nous paraissaient suspects en ce qui concerne toujours leur impartialité, et comment il nous paraissait, d'une part, plus juste et, d'autre part, plus logique, à cause de la nature juridique des actes par lesquels on décide de la nomination et de l'avancement des fonctionnaires, de confier le pouvoir disciplinaire, le pouvoir de nomination, etc., à une autorité neutre, impartiale, en dehors même de l'administration, et qui serait une sorte de tribunal suprême, nouveau, que nous instituerions.

Puisse le Parlement élaborer bientôt le statut des fonctionnaires, afin de faire cesser toutes les pratiques actuelles et assurer, en rétablissant la justice et la paix dans l'administration, le bon fonctionnement de tous les services publics.

LE STATUT DES FONCTIONNAIRES

Texte définitif du projet que M. Clémenceau, président du Conseil, ministre de l'Intérieur, vient de communiquer à M. Jeanneney, rapporteur de la Commission parlementaire.

Article premier. — Nul ne peut être admis à un poste de début dans une administration publique, s'il n'a satisfait soit à un concours, soit à un examen ou s'il ne remplit les conditions d'aptitudes qui seront déterminées par les règlements d'administration publique prévus à l'article 8 de la présente loi.

Art. 2. — Nul ne peut être nommé à un emploi autre qu'un emploi de début, s'il ne remplit les conditions d'avancement prévues à l'article 4 de la loi, ou s'il ne justifie de services ou de titres dont la nature et la durée sont déterminées par les règlements d'administration publique prévus à l'article 8.

Art. 3. — L'avancement a lieu soit à l'ancienneté, soit au choix, selon les emplois.

Dans chaque service, des tableaux d'avancement pour les promotions de classe ou de grade, seront dressés annuellement.

Les tableaux d'avancement sont arrêtés par le Ministre ou, pour les Régies financières, par les directeurs généraux, après avis de conseils composés de membres désignés, à raison de leurs fonctions, conformément aux règlements d'administration publique prévus à l'article 8.

Ils sont publiés au *Journal Officiel.*

Nul ne peut être l'objet d'une promotion au choix de classe ou de grade, s'il n'est inscrit au tableau d'avancement.

Toute promotion est publiée au *Journal Officiel* dans le délai d'un mois.

14

Art. 5. — Les règlements faits en exécution de l'article 8, énumèrent limitativement les peines qui peuvent être infligées au personnel et parmi lesquelles ne doit pas figurer :

La suppression totale, ni partielle, même temporaire de traitement, sauf dans le cas de suppression de fonctions.

Art. 6. — Aucun fonctionnaire ne peut être l'objet d'une mesure disciplinaire qu'après qu'il aura été invité à prendre communication de son dossier, conformément à l'article 65 de la loi du 22 avril 1905, et à fournir ses justifications écrites.

Art. 7. — La révocation, la rétrogradation, la mise d'office en disponibilité ou en non-activité, la radiation du tableau d'avancement, l'ajournement d'une promotion à l'ancienneté, ne peuvent être prononcés que par une décision motivée, après avis des conseils prévus à l'article 4, auxquels il est adjoint deux fonctionnaires du même grade ou de la même catégorie que l'intéressé, périodiquement élus par leurs collègues ; les fonctionnaires élus ne peuvent se réunir que sur la convocation du président du Conseil, auquel ils sont adjoints.

Devant le Conseil, l'intéressé est entendu dans ses moyens de défense et peut se faire représenter dans des conditions qui seront fixées par les règlements d'administration publique prévus à l'article 8.

Art. 8. — Des règlements d'administration publique rendus dans le délai d'un an à partir de la promulgation de la présente loi, en conformité des dispositions ci-dessus, détermineront pour chaque service les conditions d'âge et les règles de recrutement, d'avancement et de discipline.

Art. 9. — Un règlement d'administration publique, rendu sur le rapport de tous les ministres, déterminera l'organisation générale des administrations centrales de tous les ministères. Les fonctionnaires appartenant aux services extérieurs du ministère ne sont pas considérés comme faisant partie de l'administration à laquelle ils sont détachés.

Art. 10. — Il n'est pas dérogé aux lois spéciales qui ont fixé le statut de certains fonctionnaires, non plus qu'à celle du 21 mars 1905 sur les emplois réservés aux sous-officiers.

Art. 11. — Les dispositions qui précèdent s'appliquent aux fonctionnaires et agents de l'Etat exerçant leurs fonctions en France et en Algérie et aux colonies.

Elles ne sont pas applicables aux ambassadeurs, aux ministres plénipotentiaires, aux directeurs généraux, aux directeurs des ministères, aux préfets, aux secrétaires généraux de Préfecture, aux sous-préfets, aux gouverneurs. généraux, gouverneurs et secrétaires généraux des colonies.

PROPOSITION DE LOI.[1]

DISPOSITIONS GÉNÉRALES

Article premier. — Est fonctionnaire, au sens de la présente loi, toute personne qui occupe dans un service public un emploi rétribué par un traitement annuel.

Art. 2. — Dans un délai de... à partir de la promulgation de la présente loi, des règlements d'administration publique devront organiser les différents corps de fonctionnaires rétribués par l'Etat, en se conformant aux règles ci-dessous.

La situation des fonctionnaires départementaux et communaux fera l'objet de règlements spéciaux.

TITRE PREMIER. — Des Conseils du Personnel

Art. 3. — Tout dépositaire de l'autorité : ministre, préfet, gouverneur, chef d'administration, ayant qualité pour nommer ou révoquer les fonctionnaires d'un corps ou d'une catégorie

---

(1) Extraite des articles intitulés : *Le Statut des fonctionnaires : Etude d'une loi organique* et publiés par M. Demartial dans la *Grande Revue* datée des 25 nov., 10 et 25 déc. 1907.

donnée, est assisté d'un Conseil consultatif qui représente auprès de lui les intérêts de ces fonctionnaires.

Art. 4. — Ces Conseils, dits « Conseils du Personnel », sont composés moitié de membres de droit, moitié de membres élus.

Les membres de droit sont pris parmi les fonctionnaires les plus élevés en grade, et suivant leur ordre d'ancienneté ; le plus ancien préside le Conseil et a voix prépondérante.

Les membres élus sont répartis de manière que chaque grade soit représenté. Cette répartition et l'organisation des élections sont assurées par les règlements organiques.

Art. 5. — Les Conseils du personnel exercent les attributions qui leur sont conférées par la présente loi et par les règlements organiques ; ils peuvent émettre des vœux sur toutes les questions intéressant le personnel qu'ils représentent.

TITRE II. — *Première nomination.*

Art. 6. — Nul ne peut être admis dans une catégorie de fonctions par voie de première nomination, que sous la double condition d'avoir :

1° été agréé par l'autorité compétente ;

2° justifié qu'il possède la capacité initiale nécessaire.

Art. 7. — Toute personne dont la candidature à un service public est écartée, a le droit de connaître les motifs de ce rejet.

Art. 8. — Est nulle toute première nomination faite à un grade autre que le moins élevé de chaque catégorie de fonctions.

Art. 9. — La capacité du candidat à une première nomination s'établit cumulativement par :

1° La production d'un des certificats d'instruction délivrés par l'Etat ;

2° Un concours d'admissibilité ;

3° Un stage probatoire suivi, s'il y a lieu, d'un examen pratique.

Le stagiaire reçoit un traitement ; le temps du stage compte pour le calcul du droit à pension.

Les candidats admis sont nommés dans l'ordre résultant à la fois de leurs notes de concours, de stage et d'examen.

Art. 10. — Le diplôme de sortie d'une école préparatoire et la présentation par des corps universitaires ou savants, peuvent tenir lieu des titres et épreuves énumérés par l'article précédent.

Art. 11. — Il n'est rien modifié aux dispositions de la loi sur le recrutement de l'armée réservant certains emplois aux anciens militaires.

Art. 12. — Une proportion des emplois de percepteur, de receveur particulier et de trésorier général est attribuée aux citoyens ayant rendu des services publics gratuits.

Art. 13. — Le gouvernement peut, dans un intérêt particulier, appeler aux emplois d'ambassadeur, de préfet de la Seine et de police, de gouverneur général des colonies, des personnes étrangères au service public.

TITRE III. — De l'avancement.

Art. 14. — Nul ne peut être promu à un grade supérieur s'il ne figure en tête du tableau d'avancement.

Art. 15. — Les fonctionnaires de chaque grade sont inscrits au tableau d'avancement dans l'ordre résultant à la fois de leur ancienneté effective et des majorations d'ancienneté qui ont pu leur être attribuées, en raison de la valeur particulière de leurs services. Les majorations d'ancienneté sont attribuées au début de chaque année : elles sont de douze, dix-huit, ou vingt-quatre par mois.

Les règlements organiques déterminent, pour les fonctionnaires de chaque grade, celui de leurs supérieurs hiérarchiques auquel appartient l'initiative de les proposer pour une majoration.

Les propositions sont appuyées de motifs précis et portées telles quelles à la connaissance du personnel. Après avoir pris l'avis du Conseil du Personnel, sur les recours qui pourraient lui être adressés à l'occasion de ces propositions, le dépositaire de l'autorité décide s'il y a lieu d'y faire des additions ou des suppressions et arrête définitivement la liste des majorations à attribuer.

Art. 16. — Les promotions au grade le plus élevé de chaque carrière sont faites sans tableau d'avancement, mais les choix ne peuvent porter que sur des fonctionnaires du grade immédiatement inférieur.

Art. 17. — En cas de services tout à fait exceptionnels, un fonctionnaire peut être inscrit d'office, sans conditions d'ancienneté, en tête du tableau d'avancement, mais seulement après avis favorable du Conseil du Personnel.

Art. 18. — Est écarté du tableau d'avancement le fonctionnaire que les notes de ses supérieurs hiérarchiques représentent unanimement comme non en mesure d'occuper le grade supérieur.

Art. 19. — Dans les carrières dont la hiérarchie comprend plusieurs catégories de fonctions ayant chacune leur recrutement propre, le règlement organique détermine, s'il y a lieu, les conditions de passage d'une catégorie à l'autre.

Art. 20. — Chaque grade autre que le plus élevé comporte un traitement minimum et un traitement maximum. Le fonctionnaire passe de l'un à l'autre par augmentations annuelles, dont le montant est fixé par les règlements organiques.

Toutefois, cette augmentation n'est acquise à l'intéressé que sur l'avis favorable duquel il relève, au point de vue des propositions pour l'avancement, ainsi qu'il est dit à l'article 15. Si cet avis est défavorable, l'échéance de l'augmentation est reculée d'une année.

TITRE IV. — *Des permutations.*

. . . .

TITRE V. — *Des peines disciplinaires.*

Art. 24. — Les peines disciplinaires du premier degré sont la censure, les amendes dans la limite d'un sixième du traitement pour une année, et le changement de résidence. Ces peines sont prononcées par l'autorité, après avis des supérieurs hiérarchiques de l'intéressé. S'il s'agit d'un juge, la peine du déplacement ne peut être prononcée que dans les formes prescrites par l'article suivant.

Dans le cas où la peine du changement de résidence ne pourrait être appliquée, elle est remplacée par une amende dont l'autorité fixera le montant suivant les circonstances.

Art. 25. — Les peines du second degré sont la rétrogradation au grade immédiatement inférieur, la mise à la retraite d'office, la révocation. Ces peines sont prononcées par une juridiction disciplinaire constituée en premier ressort par les Conseils du Personnel formés en tribunaux disciplinaires, et en appel par une Cour disciplinaire, composée de deux sénateurs, de deux députés, de deux conseillers à la Cour de cassation, de deux conseillers d'Etat élus par leurs collègues, le président devant être choisi parmi les membres parlementaires et ayant voix prépondérante.

Les décisions de ces tribunaux sont rendues dans les formes ordinaires de la Justice, c'est-à-dire après une instruction préliminaire et un débat oral pour lequel l'intéressé peut se faire assister d'un défenseur et citer des témoins. L'audience est publique, à moins que le président ordonne le huis-clos. La décision est motivée.

Un fonctionnaire délégué par l'autorité compétente remplit les fonctions de Ministère public.

L'appel peut être formé, soit par le fonctionnaire inculpé, soit par l'autorité.

TITRE VI — *Déplacement, disponibilité, retraite, licenciement*

Art. 26. — Un fonctionnaire ne peut être déplacé que par mesure disciplinaire, sur sa demande, pour cause de suppression d'emploi ou pour des nécessités de service dûment constatées. S'il s'agit d'un juge, le déplacement pour nécessité de service ne peut avoir lieu que sur avis conforme de la Cour de cassation.

Art. 27. — Un fonctionnaire ne peut être mis en disponibilité que sur sa demande ou en cas de suppression de son emploi.

Toutefois, les Secrétaires généraux ou Directeurs de Ministères, les Directeurs généraux d'administration, les Ambassadeurs et Chefs de légation, les Procureurs généraux près les Cours d'appel, les Préfets, les Gouverneurs, peuvent être mis en disponibilité pour raisons d'ordre gouvernemental.

Le fonctionnaire mis en disponibilité sur sa demande, n'a droit à aucun traitement ; le fonctionnaire mis en disponibilité d'office a droit à un traitement, qui est fixé par les règlements.

Le fonctionnaire en disponibilité par suppression d'emploi est tenu, sous peine de la perte de son traitement de disponibilité, d'accepter sa nomination à une fonction nouvelle à la condition que cette fonction soit, au point de vue du rang, du traitement et de l'instruction professionnelle nécessaire, assimilable à la fonction ancienne.

Art. 28. — Un fonctionnaire peut être mis à la retraite, soit sur sa demande, soit par suite de suppression d'emploi, soit parce qu'il atteint la limite d'âge réglementaire, soit d'office.

Un règlement d'administration publique spécial, pris sous le contre-seing du Ministre des Finances, fixe l'âge réglementaire de la retraite dans les différents corps de fonctionnaires.

Un fonctionnaire ne peut être mis à la retraite d'office que par une mesure disciplinaire ou s'il est incapable de remplir utilement les devoirs de sa fonction. Si cette incapacité provient de son état de santé, la mesure doit être appuyée d'un avis médical ; dans tout autre cas, la mesure doit être appuyée d'un avis unanime de ses différents chefs hiérarchiques.

Art. 29. — Si un fonctionnaire n'ayant pas encore acquis les droits à pension, est incapable de remplir utilement ses devoirs professionnels, il est licencié ; cette mesure est prise dans les formes prescrites par le dernier paragraphe de l'article précédent. Le fonctionnaire licencié a droit au remboursement des sommes retenues sur son traitement pour le service des pensions. Dans le cas où cette incapacité proviendrait de son état de santé, il peut, en outre, lui être accordé une indemnité annuelle et renouvelable, dont le montant sera fixé suivant les circonstances.

Art 30. — Le fonctionnaire dont la démission est acceptée a droit au remboursement des retenues effectuées sur son traitement pour le service des pensions.

TITRE VII. — Recours contre les actes de l'autorité.

Art. 31. — Toute réclamation hiérarchique, adressée par un fonctionnaire à l'autorité dont il dépend, doit recevoir une réponse. Ce recours est formé par écrit et instruit par le Conseil du personnel, qui formule un avis après avoir entendu l'intéressé. L'autorité rend, dans le mois qui suit cet avis, une décision motivée, dont copie est remise à l'intéressé.

Art. 32. — Tout fonctionnaire est juridiquement fondé à attaquer, par voie contentieuse, sous la forme d'un pourvoi devant le Conseil d'Etat, toute mesure prise en violation de la présente loi ou des règlements organiques du corps auquel il appartient.

www.ingramcontent.com/pod-product-compliance
Ingram Content Group UK Ltd.
Pitfield, Milton Keynes, MK11 3LW, UK
UKHW021902070726
13613UKWH00001B/283